족구 심판 교본

족구 심판 교본

1판 1쇄 발행 2025년 11월 26일

저자 이석주

교정 신선미 편집 문서아 마케팅·지원 이창민

펴낸곳 (주)하움출판사 펴낸이 문현광

이메일 haum1000@naver.com 홈페이지 haum.kr
블로그 blog.naver.com/haum1000 인스타그램 @haum1007

ISBN 979-11-7374-246-0(03690)

좋은 책을 만들겠습니다.
하움출판사는 독자 여러분의 의견에 항상 귀 기울이고 있습니다.
파본은 구입처에서 교환해 드립니다.

이 책은 저작권법에 따라 보호받는 저작물이므로 무단전재와 무단복제를 금지하며,
이 책 내용의 전부 또는 일부를 이용하려면 반드시 저작권자의 서면동의를 받아야 합니다.

족구
심판 교본

하움

추천사

이석주 심판은 내가 본 심판 중에 제일이라고 할 수 있다. 심판 이전에 인성이 됐고 선배를 알고 동료 심판들을 알뜰히 챙기는 심판이다. 이제는 고참이지만 심판들 지쳐 있을 때 분위기를 띄우고 협력하여 경기를 마무리하는 심판으로, 내가 다시 심판 수장으로 활동한다면 같이 하고픈 심판이다.

김상균 전 울산광역시 족구협회 회장

· · ·

이석주 심판님은 경험과 노하우가 풍부한 심판으로 항상 공정하고 매 경기마다 양 팀 선수들이 경기에만 집중할 수 있도록 하는 심판입니다. 앞으로도 멋진 활약 기대하면서 후배 심판들에게 귀감이 되고 존경받는 심판으로, '심판 레전드'가 되시길 항상 응원하고 또 응원합니다.

김종일 이천시민족구단 감독

이석주 심판은 오랫동안 족구계에서 모범적인 심판으로 활동하고 있는 심판이다. 심판 활동을 하면서 쌓인 노하우를 이 책에 고스란히 담은 듯하고, 심판으로서의 방향성을 제시해 주는 모범 답안이라는 생각이 든다.

김주철 대한민국족구협회 상임부회장

• • •

이석주! 최강부 선수 시절을 거쳐 열악한 환경 속에서도 족구 심판으로서 사명감을 가지고 체계를 다져 온 진정한 족구인! 이제는 교육자로서 지식과 경험을 전하고 책을 집필하여 족구의 가치를 널리 알리는 모습에 선배로서 뜨거운 찬사를 보낸다.

오양헌 경기도족구협회 회장

• • •

공정한 심판 활동으로 후배 심판들에게 모범을 보이며 지금까지 심판으로 활동하면서 배우고 익힌 족구 학문을 후배들에게 참교육으로 전수해 주는 족구계의 참 인물이다.

이대재 대한민국족구협회 회장

심판으로서 자질이 풍부하고 선수들을 존중하면서 경기 흐름을 원활하게 이끌어 가는 능력이 탁월하고, 냉철한 판단력과 명쾌한 판정으로 선수들에게 신뢰감을 주는 심판.

이찬호 빛고을 족구단 공격수

. . .

항상 진지하게 심판에 임하는 자세는 선배이자 아우인 이석주 교수에게 배워야 한다는 마음으로 늘 함께하고 있는데, 『족구 심판 교본』까지 발간하고 이 책이 대한민국 족구 심판들의 길라잡이가 되었으면 한다.

전일찬 대한민국족구협회 심판위원장

. . .

최초 족구 심판 교재를 발간하게 되어 정말 기쁘고 환영합니다. 이석주 님은 대회 현장 전국 족구 심판으로서 열정적으로 활동하면서 늘 연구하고 공부하는 심판이라 존경스럽습니다. 꼭 필요로 했던 심판 교재가 족구인들에 바른 길잡이가 될 것이라 확신합니다.

정청식 논산시민족구단 감독

족구를 알면서 사랑을 배웠고 참는 것, 이해하는 것, 노력하는 것, 그것이 족구를 알아 가는 길 같습니다. 부부가 함께하니 더 행복해 보입니다. 그래서 더 행복합니다. 그런 사람이 이석주입니다. 『족구 심판 교본』 발간을 진심으로 축하합니다.

지동근 대한민국족구협회 방송해설이사

· · ·

이석주 심판은 코트 위에서 늘 족구를 향한 뜨거운 열정과 누구도 흔들 수 없는 공정함을 함께 보여 주었습니다. 대한민국 최초의 이 교본은 그의 헌신이 담긴 결과물이자 미래 심판들에게 좋은 길잡이가 되어 줄 것입니다. 그의 귀한 노력이 대한민국 족구를 더욱 신뢰받는 스포츠로 만들어 줄 것이라 확신합니다.

홍기용 국제족구연맹 회장

머리말

족구(Jok-gu)는 우리에게 굉장히 친숙한 생활체육 스포츠 종목이다. 족구는 대한민국 전통 구기 종목으로 우리나라가 종주국이다. 물론 체코의 '풋넷'이나 태국에 '세팍타크로' 등 족구와 유사한 종목이 있으나 족구와는 다른 경기 규칙으로 진행되고 있다. 특히 제1회 세계족구대회가 2023년 8월 25일~27일(3일간) 강원도 양구군에서 체코, 태국 등 11개국이 참여하여 성공적으로 개최되었으며,

광화문광장 세종대왕 동상 앞에 특설 무대를 설치하고 체코 족구 국가대표 선수들을 초청하여 2024년 10월 19일에 '종로한복축제'와 함께하는 '한국-체코 친선 족구한마당'을 개최해 한복과 민족 구기인 족구를 전세계에 알리는 행사를 진행하였다.

현재 족구는 2022년부터 전국체육대회 시범 종목으로 지정되어 올해까지 4년째 운영되고 있으며, 머지않아 정식 종목 채택을 목전에 두고 있고, 2023년부터는 족구 실업리그 개념의 '족구 코리아리그'를 시작으로 2024 족구 코리아 디비전 J1리그, 2025 족구 코리아 디비전 J1리그가 현재 진행되고 있으며, KBSN스포츠, MBC스포츠+ 채널에서 생중계로 방송할 만큼 족구가 스포츠로서의 매력도 갖고 있음이 증명되었다. 또 경기도 화성에 유치한 장안대학교에서는 2025학년부터 세계 최초로 생

활스포츠 족구과를 개설하여 신입생을 모집하여 족구에 대해 이론과 기술을 체계적으로 가르치는 전문적인 교과 과정을 제공하고 있다. 이렇게 족구가 점차 발전되어 가고 있고 선수들의 기량도 예전에 비해 훨씬 좋아지고 공격 기술도 다양해지고 수비 실력도 좋아짐에 따라 경기를 진행할 심판들 또한 그 책임이 막중하다고 할 수 있다.

현재 족구 대회는 매주 전국대회를 포함하여 크고 작은 대회가 개최되고 있다. 족구 대회 개최 시 없어서는 안 될 구성원이 심판이다. 대회에 참여한 모든 심판은 경기를 진행함에 있어 오심 없이 경기를 원활하게 진행하고 마지막 종료 휘슬 후 선수들과 상견례 시 웃으면서 수고하셨다고 인사할 수 있도록 노력하고 있다. 그러나 심판도 사람이고 현재 족구 심판이 다른 프로 스포츠처럼 전임 심판도 없는 상황에서 박빙의 경기에서는 오심이 발생하기도 한다. 현재 족구도 생방송으로 진행하는 경우에는 다른 프로 스포츠와 같이 비디오 판독도 실시하여 심판의 오심을 최소화하고 있다.

족구가 더 발전하기 위해서는 심판의 역할이 중요한데, 족구 심판에 관한 전문적인 책이 지금까지 한 번도 출판된 적이 없었다. '심판을 잘 보고 싶지만 어떻게 해야 심판을 잘 볼 수 있을까?' 할 때 참고할 만한 교본도 없고, 추후 대학 등에서 족구 심판 과목에 대해 강의를 할 때도 강의 교재가 필요하다고 판단되어 이 책을 쓰게 됐다.

이 책은 필자가 그동안 족구 심판으로 활동하면서 느꼈던 점을 토대로 서술하였다. 주심과 부심들의 역할과 심판 급수에 따른 자세와 역할, 오심 없이 경기를 진행하는 방법, 대표적 오심 유형과 대처법, 합의 판정의 요령과 절차, 방송 촬영 경기에서의 심판법, 스포츠지도사 자격증 취득 방법 등을 서술하여 족구 심판으로서 실력을 향상시키고, 선수와 감독에게 '심판 보시느라 수고하셨다'는 인사는 아니더라도 멋진 경기, 재미있는 경기, 쉽지 않은 경기를 잘 마쳤다고 나 자신을 격려할 수 있는 심판이 되는 데 조금이나마 보탬이 되길 바란다. 혹시라도 글 내용에 대해 자신의 생각과 다른 부분이 있더라도 필자의 생각은 이렇구나 하고 너그럽게 봐주시면 좋겠고, 이 책으로 인해 족구 심판으로서 욕먹지 않고 선수나 감독에게 믿음을 주는 심판이 되는 데 작은 도움이 되길 바란다. 끝으로 이 책이 출판할 수 있도록 도와주신 많은 분들께 진심으로 감사드린다는 말씀을 드린다.

2025년 11월

저자 이석주

추천사　　　　　　　　　　　　　　　　5
머리말　　　　　　　　　　　　　　　　9
족구 심판 행동 강령　　　　　　　　　14

제 1 장
족구 심판의 중요성　　　　17

제 2 장
족구 심판의 역할　　　　21

1. 주심　　　　　　　　　　　　　　23
2. 부심　　　　　　　　　　　　　　28
3. 부심(선)　　　　　　　　　　　　32
4. 기록심　　　　　　　　　　　　　38
5. 판독심　　　　　　　　　　　　　41

제 3 장
급수별 심판의 마음가짐　　　　45

1. 3급 심판　　　　　　　　　　　　48
2. 2급 심판　　　　　　　　　　　　51
3. 1급 심판　　　　　　　　　　　　54
4. 국제 심판　　　　　　　　　　　　58

제 4 장
오심 없는 심판이 되는 방법　　　　61

제 5 장

대표적인 오심 유형과 대처법   **67**

1. 인·아웃   70
2. 오버 네트   73
3. 그 밖의 오심 유형   75

제 6 장

합의 판정의 요령과 절차   **79**

제 7 장

방송 촬영 경기에서의 심판법   **85**

1. 주심   88
2. 부심   91

제 8 장

스포츠지도사 자격증 취득 방법   **93**

부록

1. 대한민국족구협회 전문체육 족구 경기 규칙   109
2. 대한민국족구협회 생활체육 족구 경기 규칙   126
3. 대한민국족구협회 심판위원회 규정   145
4. 대한민국족구협회 심판 매뉴얼   160

족구 심판 행동 강령

1. 모든 경기를 양심과 경기 규칙에 따라 공정하게 운영해야 한다.
2. 경기 배정 등 직무 수행상 알게 된 기밀을 누설해서는 안 된다.
3. 업무와 관련하여 어떠한 명목으로든 사례, 증여, 향응을 받거나 금전을 차용해서는 안 된다.
4. 선수, 지도자, 팀 관계자와 비공식 접촉을 해서는 안 된다.
5. 직무 중에는 항상 복장 및 용모를 단정하게 하고 어느 장소에서나 심판으로서 명예와 품위를 지키며 언행에 유의해야 한다.
6. 활동 기간 중이나 퇴임 후에도 심판의 명예와 신용을 손상하거나 업무 수행 관련 자료 등을 외부에 일체 누설·유출하는 일이 없도록 한다.
7. 선수, 지도자, 팀 관계자와는 물리적 충돌을 피해야 하며, 공식적으로 규칙에 관하여 질문이 있을 경우 명확하게 답변을 해야 한다.
8. 아래 사항을 항상 준수해야 한다.

가. 경기 규칙을 적용할 때는 정직하고, 일관성이 있으며, 객관적이고 공평해야 한다.

나. 경기를 안전하고 공정한 방법으로 치르고 선수들과 선수들의 복지를 보호하기 위해 합리적인 대책을 마련한다.

다. 동료들의 능력과 가치를 비판하지 않는다. 다른 사람들을 지원하고 조언한다.

라. 긍정적이고 전문가적이며 남을 존중하는 매너로 심판의 직무를 수행한다.

마. 최신의 경기 규칙, 규정 및 동향을 숙지한다.

바. 대회에서 심판의 직무를 수행할 때는 항상 정해진 복장을 착용한다. 심판의 직무를 수행하지 않을 때도 적절한 복장을 착용한다.

사. 배정 후에는 정당한 이유**(부상, 질병 또는 비상 상황)** 없이 대회의 지명을 번복하지 않는다.

* 심판 행동 강령 (대한민국족구협회 심판 매뉴얼 참고 자료 1)

제 1 장

족구 심판의 중요성

    모든 스포츠에서 심판의 중요성은 두말할 필요가 없다. 그 경기가 쉬운 경기든 아니면 박빙의 경기든 심판은 매 순간 정신을 집중하고 또 집중하여 오심 없이 진행하여 경기를 원활하게 끝마치는 게 목표다. 필자 또한 늘 그런 마음가짐으로 심판에 임하고 있다.

    족구는 생활체육으로 시작하여 지금은 전국적으로 연간 700여 개 이상 크고 작은 대회가 개최되는 범국민적 생활체육 종목으로 자리 잡고 있다. 2023년부터는 족구 실업 리그 개념에 '2023 일등가 한우만찬배 족구 코리아리그'를 시작으로 '2024 족구 코리아 디비전 J1리그', '2025 족구 코리아 디비전 J1리그'가 현재 진행되고 있다. KBSN스포츠, MBC스포츠+ 채널에서 생중계로 방송할 만큼 족구가 스포츠로서의 매력도 갖고 있음을 증명되었고, 전국체육대회 시범 종목으로 2022년 선정되어 올해까지 4년째 시범 종목으로서 성공적으로 개최하고 있다.

    특히 제1회 '세계족구대회'를 2023년 8월 25일~27일(3일간) 강원도 양구군에서 체코, 태국 등 11개국이 참여하여 성공적으로 개최하기도 하면서 국내에서뿐 아니라 세계인이 즐기는 스포츠로 발전되고 있으며, 광화문광장 세종대왕 동상 앞에 특설 무대를 설치하고 체코 족구 국가대표 선수들을 초청하여 2024년 10월 19일에 '종로한복축제'와 함께하는 '한국-체코 친선 족구한마당'을 개최해 한복과 민족 구기인 족구를 전 세계에 알리고 있다.

올해 '2025년 스포츠교류협정 이행체계 구축사업'으로 루마니아에 선수단을 파견하여 족구의 우수성을 알렸고 앞으로 아시안게임의 정식 종목과 더 나아가 올림픽에 족구가 정식 종목으로 채택될 수 있도록 대한민국족구협회도 열심히 활동하고 있다.

이처럼 국내, 해외에서 족구에 대해 관심이 높아지고 있고, 머지않아 전국체전 정식 종목으로 채택되면 더욱더 족구 심판의 역할이 중요하다고 할 수 있다.

제 2 장

족구 심판의 역할

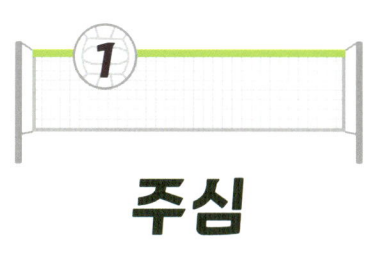

주심

　해당 코트에 배심된 주심은 대한민국족구협회 심판 매뉴얼에 있는 심판의 공식 시그널과 휘슬 소리로 최종 게임 종료 시그널을 할 때까지 해당 경기를 진행할 권한과 책임을 가지고 득·실점을 판정한다.

　현재 주심의 역할에 대해 기재되어 있는 곳은 「대한민국족구협회 심판 매뉴얼」, '심판의 진행 순서 3항'이다. 이 항목에는 "주심은 주장을 호출 후 토스하여 코트, 서브, 리시브의 선택권을 정한다. 이때 경기에 대한 주의 사항 등을 전달하며, 주장 띠 미착용 시 주장의 권한이 없음을 알린다(우선 선택권을 가진 팀이 코트, 서브, 리시브 중 하나를 선택하면 반대팀은 나머지 중 하나를 선택할 수 있다)."라고 서술되어 있다.

　위 내용대로 주심은 코인을 준비하여 주장을 호출해 선택하게 하고, 주의 사항 등을 전달하여야 한다. 이때 주의 사항 내용에 대해서는 심판 매뉴얼에 서술되어 있지 않다. 그래서 신규 심판들은 부심일 때 선배 심판들이 어떤 주의 사항을 전달하는지를 보고 듣고 습득하여 주의 사항을 전달하다 보니, 현재는 통일된 내용이 없는 상황이다.

그동안 필자가 심판 활동을 하면서 느낀, '이것만은 꼭! 전달하고 경기를 진행해야 하는 주의 사항'을 알려드리고자 한다. 아래 주의 사항은 시군구대회, 지방대회, 전국대회에서 동일하게 알려드리는 사항이다.

첫째, 본 경기는 대한민국족구협회 경기 규칙에 의해 진행됩니다.
둘째, 경기 중 주심의 판정이 잘못됐다고 생각되면 데드볼 된 이후 주장께서 정중하게 합의 판정을 요청하시기 바랍니다. 최선을 다해서 공정하게 경기를 진행하겠습니다.
셋째, 주심이 휘슬을 불기 전까지는 경기를 계속 진행하시기 바랍니다. 간혹 타 코트의 공이 들어오는 경우가 있는데 경기에 지장이 있는 경우엔 바로 휘슬을 불어 경기를 중단시키겠습니다.
넷째, 이 경기(예선전)는 듀스 없이 15점 3세트로 진행됩니다. 참고하시기 바랍니다.

위의 첫째, 둘째, 셋째를 기본적으로 주의 사항으로 전달을 하고 넷째 사항은 그 대회장의 여건에 따라 대한민국 경기 규칙과 다르게 적용하는 사항을 알려 주면 된다.

주의 사항을 전달하고 양 팀 상견례 후 경기를 진행하는데, 시그널은 항상 정확하고 득·실점에 맞는 시그널을 해 주어야 한다.

주심은 서브 시작 휘슬부터 공을 시선에서 놓치지 않고 인, 아웃과 투 바운트, 투 터치, 바디 터치 등이 발생 시 득·실점을 적용한다. 공을 시선에서 잠깐 뗄 수 있는 경우는 네트에 가깝게 붙은 공(50㎝ 이내)을 공격했는데 상대 팀에서 수비해서 공이 허공에 있을 때, 공격 후 동작에서 네트 터치나 오버 네트가 발생됐는지 부심에게 확인을 할 때이다. 부심이 이상이 없다고 고개를 끄덕여 주면 주심도 고개를 끄덕여 준 후 다시 공에 시선을 두면 된다.

선배 심판으로 주심대에 올라서 주심을 보시는 분들은 이렇게 부심을 쳐다보는 여유를 갖고 부심에게 "네~ 방금처럼 네트에 가깝게 붙은 공을 공격할 땐 공을 따라가지 말고 후(後) 동작을 잘 봐 주셨네요~ 잘하셨어요."라고 주심도 고개를 끄덕여 주면 되는데, 간혹 부심을 쳐다보지 않는 주심들이 있다. 물론 주심이 생각했을 때 가깝게 붙지 않았다고 생각하여 부심을 쳐다보지 않고 공만 주시할 수 있는데 그 공격이 득·실점이 일어난 경우라면 부심을 쳐다보는 여유를 갖길 바란다.

만약 주심으로 배정된 경기에 부심 외에 선을 담당하는 부심(이하 '선심'으로 칭함)이 2명이나, 4명이 더 배정되어 4심제나 6심제 일 경우 주심은 해당 선심들과도 시선을 자주 마주쳐야 한다. 만약 주심의 우측에서 좌측으로 네트 가깝게 붙은 공을 공격하여 좌측 사이드 라인을 터치해서 공격을 성공했다면, 주심도 정확히 사이드 라인이 터치된 것을 확인했다고 하더라도 공격 후 동작에서 네트 터치나 오버 네트가 없었는지 부심을 쳐다봐 체크하고, 그다음 사이드 라인을 보좌하는 선심도 쳐다봐서 그 선심이 '굿(세이프)' 시그널을 하고 있으면 그 선심에게도 고개를 끄덕여 줘서 경기를 원활하게 진행하면 된다.

요즘은 심판 자격을 가지고 심판 활동을 하는 감독이나 선수들이 많다. 그러다 보니 심판 보는 방법을 잘 알고 있으며, 설령 심판 자격이 없더라도 주심 혼자서 경기를 진행하는지, 아니면 부심과 선심들을 쳐다 보면서 여유롭게 경기를 진행하는지를 파악한다. 그래서 만약 본인들과 다른 판정이 내려졌을 경우 부심과 선심들을 쳐다보면서 여유롭게 진행 하는 주심과 잘 쳐다보지 않고 혼자서 빠르게 판정을 내리는 주심을 대 하는 태도는 달라진다. 여유롭게 진행하는 주심에게는 "아~ 주심이 다 른 심판들과 함께 경기를 진행하고 있구나."라는 믿음을 주는 반면에, 부 심과 선심들을 잘 쳐다보지 않고 진행하는 주심이 내린 판정에는 "정확 히 보는 거 맞아? 부심과 선심도 안 보고 판정을 하네?"라는 의심을 심어 주게 된다. 지역대회든 전국대회든 심판으로 활동하다 보면 항상 나오 는 팀들이 대회에 참가하고, 심판도 5년, 10년, 20년 계속 보다 보면 자 연히 심판이나 선수들을 매주, 또는 한 달에 두세 번 계속 족구장에서 보 게 된다. 특히 주·부심 2심제일 경우 주심의 우측에서 좌측으로 네트 가 깝게 붙은 공을 공격하여 좌측 사이드 라인을 터치해서 공격에 성공했다 면 상대 팀에서는 공격하면서 오버 네트나 네트 터치가 없었는지 의심할 수 있다. 이때 주심은 부심을 쳐다보고 부심은 공을 따라가지 않고 후 동 작까지 확인 후 '이상 없다'고 서로 고개를 끄덕이며 판정을 내리면 상대 팀 감독이나 선수들은 그 상황에 대해 받아들이는데, 반대로 주심이 위 의 행동을 하지 않고 판정을 내리게 되면 상대 팀 감독이나 선수들은 의 구심을 갖게 되고, 그 상황이 한두 번 더 반복되면 판정을 받아들이지 못 하고 큰소리까지 발생할 수 있다. 심판으로 오래 활동하다 보면 경기를 배정받아 코트로 입장할 때 감독이나 선수들이 코트로 오는 심판을 대하 는 태도가 다른 경우가 있다. 예선전 경기에는 크게 신경을 쓰지 않지만, 막상막하 경기나 8강, 4강 등 본선 경기 때는 심판을 잘 만나야 하기 때문이다. 여기에서 잘 만나는 심판은 믿음을 주는 심판이어야 한다. 앞으로 주심에 배정받을 경우엔 꼭! 믿음을 줄 수 있는 심판이 되시길 바란다.

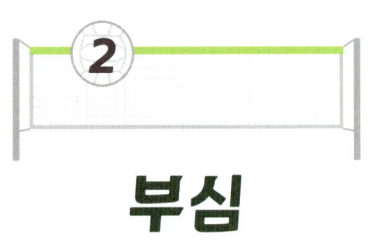

부심

「대한민국족구협회 심판 매뉴얼」, '심판의 진행 순서 7항'에 "부심(기록)은 주심의 상대편에서 인, 아웃 및 공격자의 오버 네트, 네트 터치 등을 인지하여 주심의 사각지대를 보좌한다."라고 기재되어 있다. 부심은 철저히 주심을 보좌하는 역할인데, 요사이 부심이 해야 할 역할이 추가되었다. 2023년부터 시범적으로 운영됐던 디지털 경기 기록용 태블릿 PC가 2024년 10월 30일 심판 매뉴얼이 개정되면서 전국의 모든 대회에서 사용하게 되었기 때문이다. 태블릿으로 경기 기록을 작성하다 보니 편리한 점도 많지만, 전자기기다 보니 갑자기 작동이 안 되는 경우엔 당황할 수밖에 없는 것도 사실이다. 그러다 보니 지금은 기기가 작동이 안 될 때를 대비해 기존의 종이 경기 기록지를 함께 지참하고 있다.

디지털 경기 기록용 태블릿 PC(이하 '태블릿'으로 칭함)는 대한민국족구협회 사이트에 회원가입이 되어 있고 해당 대회에 심판으로 배정이 되어야 사용할 수 있다. 그 대회의 관리자가 코트를 배정할 때 클릭하여 부심으로 배정하면 대한민국족구협회 실시간 스코어 시스템인 '라이브스코어' 앱을 태블릿에 설치(대한민국족구협회 심판 게시판 18번)하고, 로그인을 하면 태블릿에 해당 세트에 해당 경기가 띄워지게 된다(자세한 태블릿 스코어 시스템 사용 방법은 대한민국족구협회 심판 게시판 17번 참조).

　부심은 본인 태블릿을 가지고 주심과 함께 경기를 진행하게 되는데, 코트에 배정이 되면 해당 코트로 주심과 이동하여 양 팀 감독님께 우수비부터 선발 선수 4명을 끌어와서 포지션에 배치한다. 이때 선수 명단과 등 번호, 앞 번호, 하의 번호, 유니폼 동일 여부, 인정 족구화 여부, 두건 등을 확인하여 이상 있을 시 주심에게 알려 주고 이상 없이 확인되면 주심에게 경기 진행 준비됐다고 신호를 주면 된다. 모든 판단은 해당 코트의 주심이 하기 때문에 부심은 이상 있을 시엔 주심에게 꼭! 알려 주어야 하고 부심이 독단적으로 판단해서는 절대 안 된다.

　부심은 경기 전에 주심과 미팅하여 주심이 서브 시그널 전에 서브를 넣을 선수가 맞는지를 꼭! 확인한다. 맞으면 고개를 끄덕여 주고 서브 로테이션 위반일 경우엔 사전에 주심과 약속된 신호를 주는데, 주심이 서브 시그널을 하면 부심은 서브 순번인 번호를 손가락으로 표시를 하여 주심에게 알려 준다. 그러면 주심은 휘슬을 불어 서브 파울 시그널로 실점 처리한다. 주심에게 손가락으로 표시를 해 주는 이유는 혹시 해당 팀이 서브 로테이션 위반과 관련하여 질의를 했을 때 부심을 따로 부르지 않고 경기를 원활하게 진행하기 위함이다. 여기에서 중요한 점은 서브 로테이션 실점은 해당 팀이 서브한 후 바로 주심이 서브 실점 시그널을 할 수 있도록 부심은 서브 행위자가 맞는지를 꼭! 미리 확인하여야 한다.

아직 심판 경험이 적은 3급 심판일 경우 주심이 득점 시그널을 주기도 전에 미리 점수판을 넘기는 경우도 있는데, 차분히 하더라도 시간이 충분하기 때문에 절대 서두를 필요가 없다. 마음이 급하고 서두르다 보면 실수를 하게 되고 정상적인 경기 운영을 할 수가 없다.

주심이 득점 시그널을 주면 해당 팀 점수판에 점수를 넘기고 태블릿에 점수를 올리면 다음 서브를 할 선수에게 빨간색 점이 생긴다. 이때 선수의 번호를 태블릿에서 확인하고 서브를 넣으려고 공을 가지고 있는 선수의 앞 번호를 확인하여 맞으면 주심이 서브 시그널 전에 쳐다봤을 때 고개를 끄덕여 준다. 항상 주심이 서브 로테이션이 맞는지를 확인하고 서브 시그널을 할 수 있도록 부심은 서브 로테이션이 맞는지 확인하고 있어야 한다. 간혹 서브 로테이션 파울을 서브 넣었을 때 발견하지 못하고 2~3포인트 지난 후 상대방 팀에서 질의로 경기가 중단되고 큰소리가 나는 경우를 가끔 보게 되는데, 꼭! 부심은 서브 넣을 선수를 미리 확인하고 주심에게 알려 주어야 한다. 현재는 부심의 역할 중 서브 로테이션 확인이 매우 큰 비중을 차지하고 있다.

부심의 역할 중 또 중요한 것이 있다. 주심의 역할 중 언급되었던 내용 중 네트에 가깝게 붙은 공(50㎝ 이내)을 공격수가 타격 시, 부심은 공을 따라가지 않고 공격수의 공격 후의 후 동작에서 오버 네트나 네트 터치가 발생되는지를 확인하여야 한다. 부심에게 공을 따라가지 말고 후 동작을 봐 달라고 얘기를 하더라도, 아직 경험이 적은 심판이나 선수 출신의 심판들을 공을 따라가는 경우가 많다. 이때 주심은 부심에게 계속 알려 주고 주심이 부심을 믿고 공만 따라갈 수 있게 부심은 부단히 노력하여야 한다.

간혹 주심의 좌측 팀에서 네트에 가깝게 붙은 공을 오른쪽으로 각 깊은 A 공격을 시도했을 때 반대편에 있는 부심이 공을 따라가면서 고개가 왼쪽으로 돌아갈 때가 있는데, 이때 부심이 공을 따라가는지 아니면 부심이 후 동작을 보려고 공을 따라가지 않고 네트를 주시하고 있는지 주심의 시야에 다 들어오게 된다. 이때 공을 따라가지 않는 부심이라면 주심은 그 부심을 믿고 경기를 잘 진행할 수 있고, 주심의 오른쪽에서 왼쪽으로 각 깊은 A 공격을 했을 때 부심을 믿는 주심은 공격수의 공을 따라가면서 착지점을 늦지 않게 볼 수 있다. 다시 한번 말씀드리지만 부심은 주심에게 믿음을 줄 수 있는 부심이 되어야 한다.

당일 대회에 선배 심판이 주심, 후배 심판이 부심으로 배정되는 경우에 본선에서는 주심으로 배정된 선배 심판이 주심을 많이 봐야 해서 선배 심판이 계속 주심을 보기 힘들기 때문에, 예선전 경기에서 실력 차가 있는 팀의 경기일 경우 후배 심판을 주심으로 올리고 선배 심판이 부심을 보는 경우가 있다. 이때 당일 주심으로 배정된 선배 심판은 그 경기에 부심의 역할을 충실히 해 주어야 한다.

앞서 언급한 태블릿으로 서브 로테이션이 맞는지 확인하여 주심에게 고개를 끄덕여 주고, 네트에 가깝게 붙은 공을 공격할 경우엔 공을 따라가지 않고 후 동작에서 오버 네트나 네트 터치를 보고, 주심이 쳐다보면 부심은 이상 없다고 고개를 끄덕여 주고…. 이렇게 부심을 역할을 충실히 해 주어야만 후배 심판이 주심에 올라가서 경기를 운영할 때도 원활하게 경기를 마칠 수 있다.

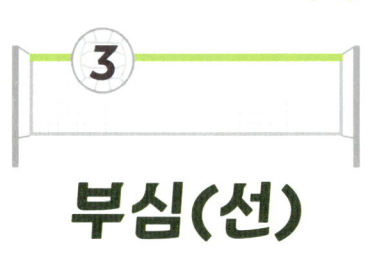

부심(선)

    4심제 이상일 경우 부심 중에 선을 담당하는 부심이 있다. 현재 코트에 4심제 이상일 경우 선을 담당하는 부심은 선심으로 부르고 있기 때문에 여기 책자에서는 부심(선)을 독자들이 이해하기 쉽게 선심으로 기재하겠다.

    「대한민국족구협회 심판 매뉴얼」 '심판의 진행 순서 7항'에 "세트 플레이 신호와 함께 부심 1(수비 측 선 담당)은 끝 선을, 부심 2(공격 측 선 담당)는 옆 선을 주시 인·아웃에 대한 판정을 한다. 공·수가 교대 시 위치를 변동하며 진행한다."라고 기재되어 있다.

그림1. 4심제 선심의 위치

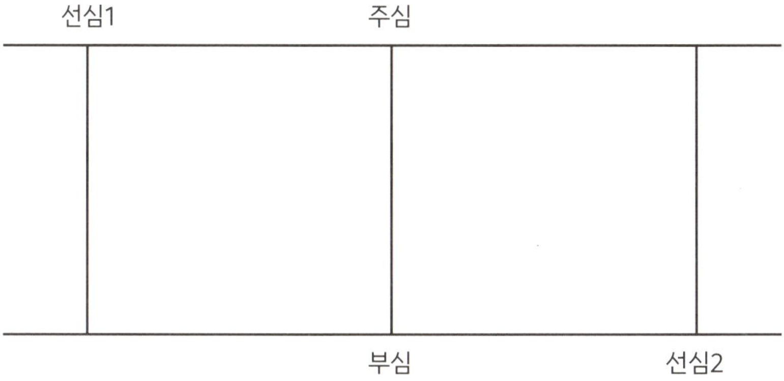

```
선심1            주심
┌──────────────┬──────────────┐
│              │              │
│              │              │
│              │              │
│              │              │
│              │              │
└──────────────┴──────────────┘
                부심           선심2
```

여기에서 선심1의 끝선은 상대 팀에서 공격할 때 엔드 라인을 중점적으로 보라는 거고, 선심 2의 옆선은 공격수가 상대편 코트의 왼쪽으로 공격할 때 사이드 라인을 중점적으로 보라는 얘기다. 그러나 현재 선심들이 라인만 보는 것은 아니다. 「대한민국족구협회 심판 매뉴얼」 '심판의 공식 신호 2. 부심(선 담당)의 신호'에는 선심이 해야 할 신호에 원 터치와 공 안테나 외측 통과 및 서브 파울 시 신호를 하게 되어 있다. 즉, 원 터치 신호를 해야 할 경우는 "터치 아웃, 드리블, 바디 터치, 오버타임"이라고 되어 있고, 여기에 투 바운드, 투 터치 시에도 원 터치를 하고 있다.

선심은 서브 신호와 함께 공을 한 번도 놓쳐서는 안 되는 심판이다. 주심이나 부심은 공의 체공 시간이나 서로 확인하는 시선을 마주칠 때는 공에서 잠깐 동안 시선을 뗄 수 있다. 그러나 양쪽 선심들은 공에서 절대 시선을 놓쳐서는 안 된다. 공의 흐름을 잘 읽고 바쁘게 움직여서 안테나 외측으로 지나갈 것 같으면 누가 보더라도 '아~ 저 선심의 위치에서 안테나 외측을 잘 볼 수 있겠구나~ 그래서 저 선심이 안테나 외측 파울이라고 하면 파울이겠구나.' 하고 양쪽 선수나 감독들에게 믿음을 줄 수 있도록 해야 한다. 실제 경기에서 제일 땀을 많이 흘리는 심판이 선심들이다. 현재 무주에서 진행되고 있는 족구 코리아리그는 실내체육관에서 진행되는데, 7~8월 여름철에는 체육관에 냉방으로 인해 주심과 부심은 조금 춥게 느껴지는데, 선심들은 항상 땀이 줄줄 흐르는 경우를 많이 봤다.

　요즘 족구가 방송 경기에서 비디오 판독을 많이 실시하다 보니 선심들이 역할이 더욱 중요해졌다. 서브 시작 시그널을 하면 주심은 서브 넣는 선수의 공을 중점적으로 보기 때문에 간혹 선수의 디딤발이 엔드 라인을 밟는 경우가 생길 수 있다. 특히 공격형 서브를 하는 선수들의 경우 공을 앞쪽으로 던져 놓고 서브를 하기 때문에 이런 경우가 간혹 나오는데, 이때 선심은 선수의 디딤발을 유심히 관찰하여야 한다. 비디오 판독이 없는 운동장에서 4강전 이상 4심제를 할 경우에 선심이 보기에 공을 차고 나서 디딤발을 밟았는지 아니면 차기 전에 디딤발을 밟았는지 애매하다면 정상적으로 보고 진행하면 되지만, 비디오 판독이 있는 경기에서는 서브를 넣은 선수들의 습관을 파악하여 디딤발을 항상 주시하여야 한다.

　운동장에서 4심제 이상의 경기를 진행할 경우 선심들은 더욱더 공을 놓쳐서는 안 된다. 상대편 쪽에 공이 있더라도 상대편 선심이 선수에 가려서 잘 못 볼 수도 있고, 투 바운드, 바디 터치 등 애매한 상황이 발생하면 합의 판정을 하게 된다. 가끔 필자가 주심을 볼 때, 바디 터치로 실점 상황인데도 선심들이 원 터치 시그널을 하지 않아서 순간적으로 '바디 터치가 아니고 정상 플레이인가?'라고 생각해 플레이를 진행한다. 그러다 득점해야 할 팀이 득점하지 않고 상대 팀에서 바디 터치에 대한 합의 판정을 요청해서 합의 판정을 하면, 바디 터치가 맞다고 원 터치 선심 시그널을 할 타이밍을 놓쳤다고 얘기하는 선심들이 간혹 있다. 이럴 때는 그 상황에서 조금 지났더라도 주심이 선심을 보고 '아까 바디 터치 아니에요?'라고 묻는 시선을 주면 과감히 맞다고 원터치 시그널을 하면 된다.

중요한 것은 선수들이나 감독들이 '심판들이 코트 내에서 경기에 집중하고 있고 오심을 하지 않고 판정을 해 주는구나.'라는 믿음을 주는 게 중요하다. '나는 선심이니까 선배 심판들인 주심이나 부심이 잘 보겠지?'라고 생각하고 선심을 보면 절대 안 된다. 물론 경험 많은 주심, 부심이 잘 운영하기도 하지만 주심이나 부심은 선심을 잘 보는 심판들을 기억하게 되고 한 번 더 확인하게 된다. "저 선심 이름이 뭐예요?", "어디 지역이에요?" 하고 관심을 갖게 된다. 중요한 것은 주심, 부심도 중요하지만 선심들도 항상 경기에 집중하고 주심과 부심에게 믿음을 주고, 선수와 감독들에게도 믿음을 주는 선심이 되어야 한다.

현재 「대한민국족구협회 심판 매뉴얼」상 심판 배정은 "방송대회는 6심제"로 운영하도록 되어 있다.

6심제일 경우에 선심들의 위치는 다음과 같다.

그림2. 6심제 선심의 위치

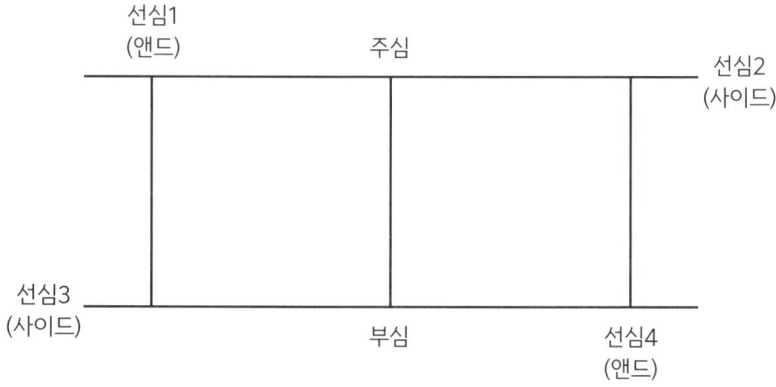

　초창기 6심제로 심판을 볼 때는 주심의 우측에 선심 1(앤드)과 선심 2(사이드)가 위치하고 부심의 우측에 선심 3(사이드)과 선심 4(앤드)가 위치하여 경기를 진행했었다. 이렇게 했던 이유는 4심제를 할 경우 선심이 주심의 우측과 부심에 우측에 위치하여 공격과 수비 상황에 따라 엔드 라인과 사이드 라인을 이동하면서 선심들이 심판을 보았다. 두 명의 선심을 더 배치하니 자연스럽게 주심의 우측과 부심의 우측에 한 명씩 추가되면서 각각 엔드 라인과 사이드 라인을 맡아 선심을 보게 되었다. 그렇게 경기를 진행하다 보니 주심의 좌측 각 깊은 곳에서 우측으로, 주심 측 안테나 근처로 공이 넘어갈 때와 부심의 좌측 각 깊은 곳에서 우측으로, 부심 측 안테나 근처로 공이 넘어갈 때 안테나 외측 파울을 볼 수 있는 선심이 없어서 경기 중 논란의 소지가 발생되었다. 그래서 위의 그림에서처럼 주심의 우측에서 사이드를 보던 선심 2를 주심의 좌측으로 이동하고 부심의 우측에 선심 3을 부심의 좌측으로 이동하여 경기를 진행하다 보니 안테나 외측 파울의 사각지대가 사라지게 되어 현재는 위의 [그림 2]와 같이 운영되고 있다.

기록심

일반 운동장에서는 별도로 기록심을 두지 않고 부심이 기록심의 역할까지 같이 한다. 그러나 방송 경기에서는 기록심을 별도로 배정하는데, 이유는 방송 경기에서의 기록심이 해야 할 역할이 적지 않기 때문이다. 아래 사항은 방송 경기에서 기록심의 역할이다.

1) 기록심은 경기 시작 전 양 팀 감독에게 출전 선수 명단과 배번을 확인하고, 포지션별로 태블릿에 1세트 주전 선수를 배치한다.
2) 전광판에 홈팀과 어웨이팀을 확인하여 1세트 어웨이팀 서비스에 체크한다.
3) 주심이 매 경기 시작 시 서브 넣는 선수가 맞는지 확인하여 주심에게 인이어를 통해 알려 준다. 만약 서브를 넣으려고 공을 가지고 있는 선수가 서브 순번이 아닐 경우 주심에게 인이어를 통해 알려 주

면, 주심은 서브 시그널을 한 후 서브 파울로 실점 처리하게 된다. 올해 코리아리그에서 서브 순번과 관련하여 실점이 발생되는 경우가 간혹 나오기도 했지만, 이처럼 바로 기록심이 주심에게 서브 순번이 아니라고 바로 알려 주어 경기 시간이 느려지지 않았다. 하지만 작년과 재작년만 하더라도 기록심이 서브 순번이 아닌 선수가 서브를 넣은 것을 인지하지 못하고 경기를 어느 정도 진행하다가 상대 팀에서 서브 순번에 대해 이의를 제기하는 상황이 종종 발생하여 경기가 중단되는 상황이 발생되기도 하였다. 그렇기에 기록심은 서브를 넣을 선수의 번호를 서브 시작 시그널 전에 확인하여 서브 순번이 맞는지를 반드시 알고 있어야 한다.

4) 경기 중간에 선수가 교체될 경우 기록심은 교체되는 선수를 태블릿에 정확히 잘 체크하여야 하고, 세트가 끝난 후 교체 선수가 있을 경우 나가는 선수와 들어오는 선수를 정확히 잘 체크하여야 한다. 간혹 2명 이상의 선수를 한꺼번에 교체할 경우 A 선수와 교체되는 선수가 누구인지, B 선수와 교체되는 선수가 누구인지를 잘 파악해 태블릿에 등록하여야 서브 순번을 정확히 불러올 수 있다.

5) 경기 중 득·실점이 발생하면 주심의 포인트 시그널에 맞춰 해당 팀 점수를 올려 주고 태블릿에도 점수를 올려 준다.

6) 경기 중 작전 타임과 세트 종료 후 주심이 휴식 시간 1분을 부여할 시 부저를 눌러 주고 15초~10초 사이에 부저를 한 번 더 눌러서 심판들과 선수들에게 알려 준다.

7) 경기 중 환자가 발생해 선수가 메디컬 타임을 사용할 시, 해당 선수의 메디컬 타임에 체크를 하면 3분의 시간이 카운트되는데, 경기가 속행되지 않은 채 1분이 남았을 경우 주심에게 인이어를 통해 알려

준다.

8) 경기가 끝나면 해당 팀 감독에게 경기 결과를 보여 주고 감독 란에 체크하게끔 하고, 경기 기록지에도 작성된 내용이 태블릿과 맞는지 확인 후 최종적으로 주심에게 확인을 요청한다. 이때 태블릿의 저장/종료 버튼은 꼭! 주심이 누를 수 있도록 한다. 방송 경기에서는 태블릿 실수가 거의 발생되지 않지만, 운동장에서 주심과 부심 2심제일 경우 부심이 태블릿에 점수를 잘못 체크하여 이겨야 할 팀이 지고 져야 할 팀이 이기는 경우가 발생할 수 있기 때문에 꼭 저장/종료는 기록심이나 부심이 누르지 않도록 한다.

위의 내용은 방송 경기에서 현재 기록심이 하고 있는 역할을 기재한 것이다. 결코 작은 역할이 아님을 알 수 있다. 경기 시작부터 경기가 종료될 때까지 경기에 집중하여 본인의 역할에 충실한 기록심이 되길 바란다.

판독심

　판독심은 방송 경기에서 배정하는 심판이다. 요사이 각종 스포츠 채널에서 방송 경기를 진행할 경우 판독심을 배정하는데, 애매한 상황에서 주심이 요청하거나 감독이 판정에 동의하지 않는 경우 비디오 판독을 요청한다. 방송 경기에서 판독 심판의 역할은 정말 중요하다. 왜냐하면 판독을 요청한다는 것 자체가 결정적인 상황인 게 대부분이고 그 판독의 결과가 최종 판정이기 때문이다. 특히 대한민국족구협회 유튜브 채널에서 판독심은 컴퓨터도 잘 다루는 심판으로, 판독 전문 심판을 양성하여 판독 시간을 단축시켜야 할 것으로 생각된다.

　2024년 코리아리그 중간 차수부터 대한민국족구협회 유튜브 채널로 진행하는 방송 경기에서도 비디오 판독을 하고 있고, 2025년 현재 코리아리그 유튜브 촬영 경기에서도 비디오 판독을 하고 있다.

　각종 스포츠 채널에서 생중계로 경기할 경우엔 유튜브보다 조금 더 쉽게 판독할 수 있다. 왜냐하면 스포츠 채널 생방송은 판독심이 PD에게 어느 상황에 대해 리플레이를 보여 주라고 요청하면 판독심 앞 모니터에 해당 경기 내용의 앞뒤 상황을 슬로 모션으로 보여 줘서 수월하고 정확히 판독할 수 있기 때문이다.

촬영하는 카메라가 최소 8대 이상 설치되어 방송을 진행하고, 고가의 장비이다 보니 선명도가 좋아 판독을 하기가 수월한 편이다. 그러나 유튜브 촬영의 경우는 다르다. 물론 비디오 판독을 하지 않았던 경우보단 훨씬 오심을 줄이고, 오심으로 인해 팀이 손해나 이익을 보는 경우가 줄었다고 볼 수 있다. 판독이 끝나면 판독심이 직접 방송을 해야 하는데, 이때 방송 경기 멘트를 올바르게 사용하여야 한다.

"판독 결과, 인(in)으로 판독되었습니다.", "판독 결과, 오버 네트가 아닌 것으로 판독되었습니다." 식으로 정확한 경기 규칙 용어를 사용해야 한다. 방송 멘트를 미리 출력하여 책상 위에 놓고 그 상황에 따라 차분히 멘트를 하면 된다.

현재 대한민국족구협회에서는 유튜브 촬영의 경우 좌우, 오버 네트를 보기 위한 가운데 카메라까지 3대의 카메라로 판독을 한다. 녹화부터 판독까지 오로지 판독심이 그 지점을 찾고 그 지점을 천천히 리플레이를 해야 하는 상황이다 보니 판독 시간이 오래 걸리고, 판독을 하는 카메라 선명도가 스포츠 채널 카메라와 차이가 나기 때문에 판독하는 데 어려움이 있을 수밖에 없다. 현재 3대의 카메라에 더해 엔드 라인에 맞춰 각각 2대의 카메라를 추가로 설치하여 판독을 한다면 조금 더 정확한 판정을 할 수 있으리라 생각된다.

지금까지 필자가 판독을 해 왔던 경험을 바탕으로 추후 유튜브 방송

시 판독심에게 조언을 드리자면, 먼저 판독심은 체육관 위쪽에서 경기를 보기 때문에 경기 상황을 보다 정확하게 볼 수 있다. 그래서 주심의 시작 시그널과 함께 경기 상황을 계속 주시해야 한다. 혹시 경기 중 비디오 판독을 요청할 상황이 생기면 그 상황의 발생된 지점을 기억하고, 득·실점이 일어나서 경기가 중단됐을 경우 녹화를 중단시킨 후 마지막 파일을 클릭하여 해당 지점으로 이동하여 그 상황을 느리게 리플레이하면 된다. 대부분 마지막 공격 상황에 판독을 요청하는 경우가 많기 때문에 녹화된 파일의 뒷부분으로 이동하여 그 부분만 리플레이를 느리게 보면 빠른 시간 안에 판독을 할 수 있다.

유튜브 판독 방법은 2024년과 2025년의 방법이 약간 다르고, 추후 방법이 바뀔 수 있기 때문에 판독하는 방법에 대해선 따로 서술하지는 않겠다.

그러나 중요한 건 판독심이 경기에 항상 집중하고 있어야 한다는 점이기에, 어떻게 보면 주심보다 더 경기를 집중해서 봐야 할 심판이 판독심이다.

그리고 주심이나 감독들이 비디오 판독을 요청하려는 낌새가 보일 경우 바로 마지막 파일을 클릭하여 비디오 판독 멘트 전에 미리 파일을 볼 수 있도록 항상 만반의 준비를 하고 있어야 빠르고 정확한 판독을 할 수 있다.

지금까지 비디오 판독을 했던 심판들의 경우 갑자기 비디오 판독을 요청하게 되면 순간적으로 당황해서 그 지점을 못 찾거나 클릭을 잘못하다 보면 다른 화면을 띄울 수도 있고, 그러다 보면 시간이 늦어지게 되고 당황을 하여 제대로 판독을 못 하는 경우가 발생하기도 한다.

앞으로 판독심으로 배정이 되면 언제든지 비디오 판독을 요청할 수 있다고 생각하고 경기를 계속 집중하여 주시해야 하고, 주심이나 감독들이 비디오 판독을 하려는 행동을 보일 경우 항상 미리 준비를 하고 있으면 여유 있게 판독을 할 수 있을 거라 생각된다.

제 3 장

급수별 심판의 마음가짐

　많은 심판 중에 족구를 처음 할 때부터 '나는 정말 심판을 하고 싶고 앞으로 명심판으로 성공하고 싶다.'라고 생각하고 심판에 입문한 사람은 거의 없을 거라 생각된다. 족구에 족자도 모르는데 주변의 권유에 의해서, 선수 생활을 하다가 주전에서 밀려나니까 심판이나 하자, 등등….

　하지만 어떻게 심판에 입문했는지는 중요하지 않다. 입문해서 심판 역할을 어떻게 하는지가 중요하다.

　필자가 그동안 심판 활동을 하면서 느꼈던 심판으로서의 자세에 대해 서술하고자 한다.

　욕먹는 거 좋아하는 사람은 별로 없다. 별로 없는 게 아니라 아예 없다. 필자도 그중에 한 사람이다. 그런데 욕을 안 먹으려면 어떻게 해야 될까? 일을 완벽하게 처리해야 된다. 심판도 마찬가지라고 생각한다. "왜 심판을 그렇게 봅니까? 누가 봐도 한참 인으로 들어왔는데 아웃이라고 하고, 눈이 삐었습니까?"까지는 아니어도 심한 말까지 하는 사람들이 있다. 오늘은 3급, 2급, 1급, 국제 심판으로 나누어 서술해 보겠다. 항상 말씀드리지만, 필자가 얘기하는 게 정답은 아니다. 단지 여러 심판보다 더 오랫동안 심판 활동을 하면서 필자가 생각한 걸 토대로 말씀드리는 거니까, 혹여 여러분들의 생각과 다르다고 해서 속으로 욕은 하지 마시기 바라며 너그럽게 이해해 주시길 바란다.

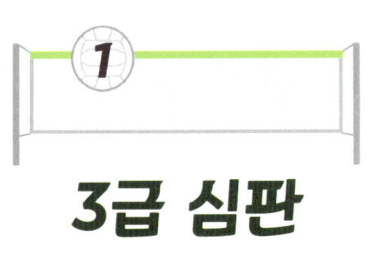

3급 심판

    심판 활동을 하려고 마음먹고, 심판으로 등록해 심판증을 받고, 첫 대회에 배정 신청하고, 떨리는 마음으로 대회장에 도착한다. 초창기 심판 활동을 할 때는 일심제였다. 공인 심판이 부족하기도 하고 심판비에 예산이 많이 들어가다 보니, 보조금은 적고 대회 비용을 줄일 수 있는 게 심판 인원이라, 심판을 줄여서 대회를 치르는 경우가 많기 때문이다. 심판이 혼자 시그널하고 점수판 넘기고 기록지는 아래에 두고 작전 타임이나 세트가 끝나서 잠깐 시간 날 때 기록지 기록하고 했는데, 지금은 최소 주심, 부심 2심제로 운영이 되고 있다. 3급 심판으로 활동할 때는 주심보다는 편하다. 선배 심판이 주심으로 배정되고 3급 심판인 나는 부심으로 배정되니까~ 그런데 필자는 3급 심판도 똑같이 힘들다고 생각한다. 부심의 역할을 제대로 해야 하니까. 우선 경기 규칙은 당연히 항상 숙지하고 대회장에 도착해야 한다. 선배 심판이라고 해서 경기 규칙을 다 알고 경기 상황에서 제대로 판정을 내리면 다행이지만, 당황해서 다르게 판정을 한다든지 했을 때 주심을 보좌하는 게 부심의 역할이기 때문이다. '나는 3급이고 계속 부심만 볼 건데, 경기 규칙을 알 필요가 없겠지?' 하고 생각하는 건 큰 오산이다.

예를 들어 1세트가 끝나고 2세트가 시작됐는데 A팀에서 공격수를 교체해서 2세트를 시작하게 됐다. 그런데 주심이나 부심은 A팀에서 선수 교체한다는 말을 하지 않아서 시작할 때는 모르고 있다가 부심이 서브 로테이션을 확인하는 과정에서 공격수 번호가 맞지 않아 부심이 주심에게 신호 후 경기를 중단시켰다. 이때 경기 규칙을 주심이 어떻게 적용해야 하는지 부심이 확인하고, 혹시라도 잘못 적용할 시에는 "선배님, 혹시 이건 이렇게 적용해야 되지 않을까요?"라고 조언을 해 준다면 그 주심 선배는 3급 후배 심판에게 고맙게 생각하고 이 후배 심판을 다시 보게 된다. 그리고 다음 대회에도 이 후배 심판하고 주부심으로 만나길 원한다. 근데 주심이 잘못 적용해서 그대로 경기가 끝났는데 나중에 상대 팀에서 "감독이 있으면 선수 교체로만 본다고 경기 규칙에 나와 있는데 왜 팀 경고를 줬습니까? 이건 이의신청하겠습니다."라고 한다면? 물론 주심의 책임도 있지만 부심의 책임도 작지 않고 추후 스포츠공정위가 열려서 징계가 내려질 때 부심도 징계를 받을 수도 있다. 어떤 사람은 항상 남 탓하기를 좋아하는 사람이 있다. 왜? 내가 맘이 더 편해지려고~ 그래서 "아~ 그때 부심이 얘기를 해 줬어야죠? 주심인 나는 경기를 진행하다 보면 잠시 헷갈려서 판정을 잘못 내릴 수도 있는데…."라고 하면서 속으로 '이 후배 심판하고는 다시 안 만나고 싶네~'라고 생각할 수 있다.

결론은 내가 3급 심판이라 하더라도 경기 규칙에 대해 늘 숙지하고,

부심으로 배정되었어도 나도 주심대에 올라서 멋진 경기를 아무 문제 없이 할 수 있는 능력을 갖추고 있어야 된다. 시그널도 방송 경기나 유튜브를 보면서 그 상황에서 어떤 시그널을 하고 어떻게 진행하는지 거울을 보고 집에서 연습한다. 선배 심판이 종일 주심만 계속 볼 수는 없다. 그래서 주심으로 배정된 선배 심판님들은 예선 경기일 경우 부서와 해당 팀을 보고 '이 경기는 부심이 주심을 봐도 되겠다.'라고 생각되면 "이번 경기 주심으로 올라가시죠?"라고 선배 심판이 얘기한다. 이때 "네! 알겠습니다!"라고 자신 있게 얘기할 수 있는 자세가 되어 있어야 한다. 선배 심판이 주심을 보라고 했을 때는 그 경기가 매끄럽게 끝날 거라는 걸 어느 정도 알고 얘기를 한다. 경기 규칙을 계속 읽고 특히 주의, 경고, 퇴장, 실격패, 몰수패 항목을 숙지하고 있다가 그 상황에 맞게 정확한 판정으로 경기를 진행할 수 있길 기대한다.

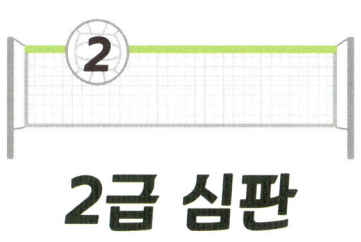

2급 심판

    2급 심판이면 지역대회 주심이나, 부심으로 배정받게 된다. 이제 어느 정도 주심대에 올라서도 등줄기에 땀이 흐르지 않을 정도로 많이 긴장하진 않을 연차가 됐다. 그런데 우리가 초보운전 때는 사고가 잘 안 난다. 왜? 아주 천천히 가기 때문이다. 근데 언제 사고가 가장 많이 발생할까? 운전한 지 3~4년 차, 쉽게 얘기하면 심판으로서 2급 심판으로 주심에 올라갈 때 가장 오심이 많이 나올 수 있다. 3급 때는 주심으로 배정되는 일이 없기 때문에 부심을 많이 보고, 어쩌다 주심을 몇 번 봤더라도 실력 차가 있는 팀을 봤기 때문에 편하게 보니까 오심도 없는데, 이제 주심으로 지역대회 일반 3부나 4부, 50대부, 60대부 주심으로 배정되어 실력이 비슷비슷한 팀들과의 경기를 보다 보면 오심이 발생할 수 있다. 이때 중요한 게 주, 부심의 역할 분담이다. 주심은 당일 대회 심판 배정을 받으면 부심과의 미팅을 통해 충분히 얘기를 나눈 후 경기에 임해야 한다. 그리고 첫 경기를 진행하면서 혹시라도 역할 분담이 이루어지지 않으면 제대로 알려 주고 다음 경기부터는 주·부심 간에 호흡이 잘 맞을 수 있게 해야 한다.

예를 들어 부심에게 네트에 50㎝ 이내 가깝게 붙는 공에 대해서는 주심이 공을 따라갈 거니까 부심을 공을 따라가지 말고 공격수가 네트 터치를 하는지 후 동작을 확인 후, 주심이 공을 따라가고 상대편에서 수비를 해서 체공 시간이 있을 때 부심을 쳐다보면 이상 없을 시 부심은 고개를 끄덕여 준다. 주심의 좌측 팀에서 오른쪽 각 깊은 A각 공격을 했는데 부심의 고개가 주심보다 더 먼저 공을 따라가는 경우가 있다. 주심의 시야로 부심이 후 동작을 보려고 네트를 주시하지 않고 공을 따라가는 게 정확히 보인다. 그렇게 되면 주심의 우측 팀이 A각 깊은 곳으로 공격을 했을 시 주심은 부심을 믿지 못해서 공을 차는 순간까지 보다 보면 공의 착지 지점을 못 보고 바운드 후에 공을 보게 돼서 오심을 하는 경우가 많다. 그래서 부심과의 역할 분담이 제대로 이루어져야 그 경기를 오심 없이 진행할 수 있다.

또 하나 2급 심판으로서 연차도 2년 이상 넘어가면 지역의 심판이사님은 코트 배정 시 신규 심판을 부심으로 묶어 주는 경우가 있다. 그러면 부심으로 오는 내 지역 신규 심판을 반갑게 맞이해서 그날의 대회에서 그 후배 심판이 '정말 오늘 주심 선배 심판을 너무 잘 만나서 많이 배웠고, 다음에 또 이 선배 심판과 주·부심으로 만났으면 좋겠다.'라고 생각할 수 있도록 최선을 다해서 알려 주고 지도해 주어야 한다. '아~ 오늘 대회 부심을 왜 이 심판으로 짜 준 거야! 심판이사님은 왜 나만 미워하는가 몰라! 아~ 짜증 나!' 하고 생각하는 심판은 없길 바란다. 왜 신규 심판에게 제대로 알려 줘야 하냐면, 다음 대회 다른 선배 심판과 주부심으로 배정이 됐을 때 좀 더 발전되면 그 주심도 편하고 그러다가 1년 차 2년 차가 되면 그 신규 심판도 선배가 돼서 또 후배 심판을 잘 지도해 줄 수 있다. 그러니까 후배 심판님들과 배정될 때 선배 심판으로서 하나하나 잘 지도해 주고 후배 심판은 선배 심판들이 알려 줄 때 내 것으로 만들어서 다음 대회에서는 역할을 잘한다면 "오~ 전에 누구 심판하고 주·부심했어요?"라고 물어볼 때 누구누구 심판으로 자신 있게 얘기할 수 있길 바란다.

1급 심판

    1급 심판 어떻게 보면 영예로운 자리이기도 하고, 급수로 느껴지는 부담이 2급 때와는 참 많이 다르다. 가령, 지역에서나 전국에서 1급 심판으로 배정돼서 경기를 진행할 때와 2급 심판으로 경기를 진행할 때 오심이 나온다면 2급 심판이었을 때는 "2급 심판이니까~"라고 넘어갈 수 있는 것도 1급 심판일 경우엔 "1급 심판이 오심을 하면 되겠냐?"라는 말을 듣기 때문이다. 따라서 그런 말을 듣지 않기 위해서 부단히 노력해야 하는 자리다.

    필자가 2008년 2월 1일 자로 광주 최초의 1급 심판 자격을 취득했으니까 벌써 18년째가 된다. 예나 지금이나 1급을 취득하기까지 정말 열심히 활동하고 또 경기 규칙 등 공부도 많이 해야 한다. 전국대회에 배정돼서 활동하면서 그 대회에서 큰 무리 없이 진행하여 승급 연차가 돼서 승급 요청서를 제출하고, 이론 시험과 실기 시험의 심한 스트레스도 이겨

내 어렵게 어렵게 승급해서 빨간 1급 심판증을 받으면 그동안 열심히 했던 순간들이 주마등처럼 흘러간다.

그렇게 1급 심판이 되면 지역에서는 심판이사나 심판부장 등 관리자를 하게 되고, 관리자가 아닐 경우엔 지역대회에서는 초청 일반부 주심, 전국대회 주심과 지금 무주에서 열리는 코리아리그 주심단으로 배정받게 된다.

첫째, 관리자의 역할이다. 관리자는 쉽지 않다. 필자도 광주 심판부장과 심판이사를 역임하면서 제일 먼저 해야 했던 일이 '심판 양성'이었다. 내 지역대회에서 내 지역에 심판으로만 배정해서 진행하고 싶은 욕심이 있었다. 그래서 심판 수를 늘리기 위해서 노력했다. 내 지역에 대회를 치르려면 적게는 30명, 많게는 40명까지도 필요한 경우가 있는데, 내 지역 심판으로는 부족하고 타 시도에 부탁하여 어찌어찌 인원을 맞춰 대회를 치르는 경우가 많다. 심판 양성은 남자들만으로는 한계가 있다. 왜냐하면 남자 심판들은 지역대회 선수로 출전하기 때문에 심판증을 가지고 있더라도 심판으로 활동하기 힘들기 때문이다. 그래서 생각한 게 여성분이 심판 자격을 많이 취득하게 했었고 광주대회 때 광주 심판들로만 대회를 치르기도 했다.

근데 현재 심판 아카데미를 하면 심판 신규 취득자 인원이 얼마 안 된다. 전국적으로 심판 신규 아카데미를 개최하면 신규보다는 보수 교육을 받는 인원이 훨씬 많고, 신규 교육을 받아 심판에 입문하려고 하는 인원은 점점 줄어들고 있는 게 현실이다. 이렇게 어렵게 신규 심판이 입문했으면 이 심판들이 대회에 배정받을 수 있도록 관리자들은 신경을 써야 한다. 이 신규 심판들은 아무것도 모른다. 어떻게 배정하는지, 또 겁도 나고, 내가 심판증을 취득하기는 했는데 제대로 활동할 수 있을까? 그걸 손 내밀고 이끌어 줘야 하는 사람이 관리자다. 그리고 관리자는 심판을 코트에 배정할 때도 신경 써야 한다. 주심 부심의 짝을 맞출 때도 심판의 능력을 감안하여 선배 심판과 후배 심판을 적절히 배정해야 하고, 특히 본선 경기에 코트 배정은 더욱 신경 써야 한다. 경기 기록지에 해당 부서와 팀을 확인 후 어떤 심판들을 배정해야 해야 무리 없이 경기를 끝마칠 수 있는지를 파악하여야 한다. 이는 지역대회나 전국대회 동일하다.

두 번째는 내 지역 심판들이 활동할 수 있게 해 줘야 된다. 광주는 타 시도에 비해 대회가 많이 없다. 전남과 전북은 대회가 많고 전남은 또 이틀간 대회를 하기 때문에 심판 활동을 하기가 광주보다는 환경이 좋다. 올해 8월 9일, 전남 심판 아카데미가 완도에서 개최됐었는데, 현재 전남의 심판이사가 자신들의 지역에서 직접 심판을 양성해 대회를 치르려고 굉장히 노력하고 있는 게 눈으로 보였다. 아마 각 지역 이사들은 똑같은 마음일 거라고 생각한다. 열심히 심판 활동을 하려는 심판들을 심판이 부족한 타 시도로 파견 보내서 매주 심판 활동을 시켜 주어야 그 심판의 실력이 향상된다. 전국대회도 마찬가지라고 생각한다. 3급 심판들도 전국대회에 배심받을 수 있도록 역량을 키워 주고, 2급 심판, 1급 심판들도 전국대회에서 활동할 수 있도록 하는 관리자의 역할이 중요하다. 해당 지역의 심판이사가 심판들을 잘 가르치고 역량을 키워서, 그 지역 심판이라고 하면 전국 심판이사나 심판부장들이 믿고 전국대회 배정을 할 수 있도록 하여야 한다. 광주도 매년 상하반기 심판 강화 훈련을 진행하고 있는데, 이런 훈련을 통해 내 지역에 심판들의 실력을 키워 주는 게 관리자의 역할이다.

세 번째는 1급 심판으로서 후배 심판들에게 존경받는 심판이 되어야 한다는 것이다.

오늘 대회에 배정을 받고 하늘 같은 1급 심판하고 주부심이 돼서 기대감이 하늘을 찌르는데, 막상 1경기부터 혼자서 다 하고 부심인 나하고 눈도 안 마주치고, 나는 아웃으로 봤는데 세이프라고 해서 상대 팀 주장이 와서 합의 판정을 요청하는데 세이프 맞다고 합의 판정도 안 해 주고 돌려보내는 심판들이 간혹 있다. '내가 1급 심판인데, 어디 감히 와서 합의 판정을 요청해!'라고 자만하면 안 된다.

1급 심판이면 후배 심판들이 '역시, 1급 심판은 다르구나~'라고 생각할 수 있도록 모범이 되어야 한다.

심판은 3급이나 2급이나 1급이나 다 똑같은 심판이다. 각자 배정받은 역할이 조금씩 다를 뿐이다. 그러나 1급 심판 주심 혼자서 경기를 원활하게 진행할 수는 없다. 각자 배정받은 역할에서 본인이 묵묵히 그 역할을 제대로 했을 때 그 경기가 원활히 진행돼서 아무 문제 없이 끝낼 수 있다.

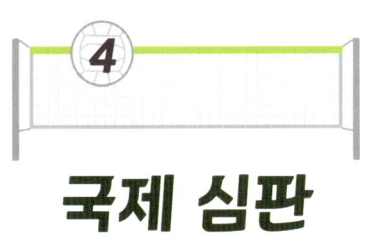

국제 심판

　국제 심판은 국제대회 경기에 배정되는 심판이다. 대한민국족구협회에서 2022년에 처음으로 1급과 2급 심판을 대상으로 국제 심판을 취득할 수 있는 아카데미를 개최하여 2022년에 1기 국제 심판 자격자가 생겼고, 이후 2023년에 2기 국제 심판을 취득할 수 있었다. 앞으로 전국체전 정식 종목이 되고 아시안게임이나 올림픽 종목으로 채택되면 국제 심판을 취득할 수 있는 아카데미가 많이 개최될 거라 생각된다. 현재 국제 심판은 급수가 나뉘어 있지 않다.
　필자는 2022년에 1기로 국제 심판 자격을 취득하여 2023년 8월 강원도 양구에서 개최된 제1회 세계족구대회 심판과 2024년 10월 서울 광화문광장 특설 무대에서 개최된 한-체코 친선 족구한마당에 심판으로 배정되어 활동했다.
　2023년 8월 제1회 세계족구대회에는 대한민국 포함 12개 나라에서 참가 신청을 하였으나, 1개 나라가 참가를 못 하여 11개 나라의 대표선수들이 참가한 첫 국제대회였다. 그런 대회에 심판으로 배정되어 심판을 본다는 것은 개인적으로는 의미 있고 영광이지만, 오심 없이 경기를 진행하여 아무 문제 없이 경기를 끝내야 하는 막중한 책임도 따른다.

국제 심판이 소통하는 데 영어를 능숙하게 하면 좋겠지만, 제1회 세계족구대회를 진행할 때는 각 나라마다 통역가가 배치되어 있어 감독에게 전달 사항이나 주장에게 전달할 사항은 통역가가 동석하여 의사소통은 잘됐다고 판단된다. 필자도 혹시 몰라 영어로 전달 사항에 대해 어느 정도 공부도 하고 연습을 하고 갔다. 결승전 주심으로 배정되어서 결승전에 올라온 체코 감독님과 주장이랑 사전에 미팅할 때 영어로 얘기하는데, 영어는 모른다고 해 옆에 있던 체코 통역가가 체코어로 통역을 해 주었던 기억이 있다.

심판은 시그널로 경기를 진행하기 때문에 특별히 대화할 일은 없다. 그러나 해당 팀 주장이 경기 상황이나 규칙에 대해 질의를 할 경우 알아듣고 거기에 맞는 답변을 할 수 있는 능력을 키워야 하지 않을까 생각된다. 2023년과 2024년엔 우리나라에서만 두 번 국제대회가 개최되었지만, 앞으로는 다른 나라에서 족구 국제대회가 열리게 된다면 언어 소통에 어느 정도 자신감을 가질 수 있도록 영어 회화 실력을 중급 정도는 길러야 된다고 생각된다. 그래야 심판도 자신감을 갖고 볼 수 있다.

제 4 장

오심 없는 심판이 되는 방법

    심판 활동을 하면서 오심 없이 경기를 잘 끝마쳐야 한다는 건 모든 심판들에게 공통된 숙제일 것이다.
    그러면 어떻게 하면 오심 없이 경기를 마칠 수 있는가?
    지금까지 심판으로 활동해 왔던 것을 토대로 간략하게 서술하겠다.

    첫째, 대회 당일 코트에 임하는 자세다.
    대회에 주심이든 부심이든 배심이 되면 해당 심판은 당일 최대한 컨디션 유지를 위해 3일 전부터 과음하지 않고 충분한 수면을 취해, 해당 코트에서 최상의 컨디션으로 경기를 진행하여야 한다. 해당 코트의 선수들이 심판의 모습을 보고 잠도 제대로 못 잤는지 얼굴도 푸석푸석하고 경기 전 전달 사항을 전달하는데 술 냄새가 진동한다면 선수들과의 신뢰가 무너질 수 있다.
    심판은 최상의 컨디션을 유지할 때 그 경기를 오심 없이 진행할 수 있다는 자신감이 생기며 경기를 진행해 나갈 수 있다.

    둘째, 2심제일 경우 주심과 부심의 역할 분담이 확실히 이루어져야 한다. 오심이란 인·아웃이나, 눈으로 드러나는 경우를 상황과 틀리게 판단하는 것만이 아니라고 생각한다.

부심이 봐도 발끝이 네트를 넘어서 오버가 확실한데도 주심의 고유 권한이라고 생각하여 그냥 넘어가는 경우도 오심이라고 생각되며, 공격수의 공격 후 발이 내려오면서 네트를 살짝 건드린 경우나 디딤발이 네트를 건드렸을 때 발견하지 못하고 인플레이 시키는 경우도 오심이라 생각된다.

그러면 이런 오심 없이 경기를 진행하려면 어떻게 할 것인가?

서두에도 말씀드렸던 역할 분담이 이루어져야 한다.

그러면 역할 분담을 어떻게 하느냐.

대부분 알고 계시지만 실제 코트에서는 잘 이루어지지 않는 경향이 많다. 공격수가 네트에 가깝게 올려진 볼을 공격할 때 주심은 차는 순간 오버와 네트 터치를 볼과 같이 보면서 시선은 공을 따라가고, 부심은 네트에서 일어나는 공격 후 동작에서 네트 터치나 손이나, 다른 발이 오버되는지를 판단하고 있다가 주심이 공을 따라가고 난 후 주심의 시선이 부심과 마주칠 때 약정 신호로 알려 오심을 없애야 한다.

심판 활동이 오래되지 않았거나 1심제를 많이 보셨던 분들은 대부분 이럴 경우 부심과 시선을 마주치지 못하고 경기를 진행하는 경우가 많은데, 공격의 성공 유무와 관계없이 부심과 시선을 주고받아 판정하는 침착성을 보여 주시길 당부드린다.

셋째, 4심제의 경우 역할 분담은 어떻게 할 것인가?

대부분 4심제는 전국대회 체전부 경기나, 일반부 등 타 부서 4강전 이상에서 운영한다. 주심은 경기 시작 전 배심된 심판과 충분한 미팅을 통해 오심 없이 경기를 진행해야 한다. 주심과 부심은 위에서 설명한 2심제 역할 분담을 확실히 이행해야 하며, 라인을 보좌하는 선심들은 그 경기가 진행되는 동안에는 공에서 시선을 떼면 안 된다.

간혹 한 경기가 끝났을 때 수기를 몇 번 들어 보지도 못하고 경기가 끝났다고 하는 선심이 있는데, 이런 심판은 선심 교육을 제대로 받지 않으신 분이다.

공격이 성공했을 때 해당 라인의 선심은 굿 시그널이나, 터치 아웃일 경우엔 원 터치 시그널을 해 주어야 한다. 그 외에도 드리블, 바디 터치, 투 바운드 등도 원 터치 시그널을 하여 주심에게 알려 주어야 한다. 그러면 주심도 선심을 보고 난 후 휘슬을 불고 시그널을 행해야 한다. 선심은 수기를 빡빡 소리가 날 정도로 열심히 하는데 눈길 한 번 주지 않고 수기도 들기 전에 휘슬을 불고 시그널하는 오류를 범해선 안 된다.

간혹, 선심의 안테나 외측 파울이 나올 경우 해당되지 않는 선심이 수기 시그널을 하여 말썽이 나는 경우가 있는데, 누구나 인정할 수 있는 곳에서 정확히 안테나 외측을 확인할 수 있는 선심이 수기시그널을 하여야 한다.

해당 코트에 배심된 주심, 부심, 선심들 간에 서로 눈빛으로 대화하고, 정말 잘했을 경우엔 주심이 살짝 엄지손가락을 들어 줄 수 있는 여유를 가지고 경기에 임한다면 해당 코트의 심판들도 즐겁고, 힘들지 않고, 그 경기를 오심 없이 끝낼 수 있을 것이다.

제 5 장

대표적인 오심 유형과 대처법

　필자가 지금까지 심판 활동을 하면서 오심이 많이 발생할 수 있는 유형과 대처법에 대해 서술하려고 한다. 단, 뒤쪽 7장에서 '방송 촬영 경기에서의 심판법'이 있기 때문에 이 장에서는 일반 생활체육 족구 대회장에서의 유형과 대처법이라는 걸 알려드린다.

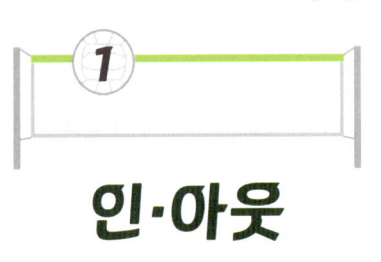

인·아웃

　가장 많이 오심이 나는 유형은 인·아웃이다. 선수에 가려서 못 보는 경우, 공이 너무 빨라서 못 보는 경우, 전혀 생각지도 못하는 방향으로 공을 차는 경우 등등….

　요즘 공격수들의 공격 패턴이 다양하고 실력이 급상승함에 따라 심판들도 거기에 발맞춰 능력을 키워야 한다. 선수에 가려서 못 보는 경우는 절대 미리 단정하여 휘슬을 불어서는 안 된다. 만약 엔드 라인 근처로 공격한 공을 못 봤을 경우엔 부심을 쳐다보면서 '방금 어떻게 봤어요?'라는 시선을 주면 부심은 본인이 정확히 봤으면 손가락으로 인·아웃으로 신호를 주는데, 인이라고 했으면 경기를 그대로 진행시키고 아웃으로 신호를 주면 한 템포 늦었더라도 휘슬을 불어 아웃 시그널을 취하면 된다. 그런데 이렇게 부심이 정확히 보고 신호를 주면 좋은데 부심도 네트를 보느라 공을 못 본 상황이 발생하기도 한다.

이런 상황에서 대처법은 만약 수비 팀이 수비를 해서 공이 인플레이 상황이면 그대로 경기를 진행시켜서 최종적으로 득·실점이 발생됐을 때 시그널을 하여 포인트를 주는데, 이때 엔드 라인 인·아웃 판단을 못 했던 그 팀에서 실점을 할 경우엔 시그널을 한 템포 쉬고 하는 센스가 필요하다. 즉, 실점 팀에서 최종 실점을 인정 못 하고 조금 전에 인·아웃 상황에 대해 합의 판정을 요청하러 오는 경우가 있고 최종 실점을 인정하고 그대로 경기를 하는 경우가 있기 때문이다. 만약 주심이 시그널을 해서 포인트를 줬는데 최종 실점 팀의 주장이 조금 전의 인·아웃 상황에 합의 판정을 요청하게 되면, 다시 점수를 원위치한 후 부심과 합의 판정을 해서 최종 판정을 해야 한다. 이때 판정을 어떻게 하느냐가 중요하다. 부심을 불러 조금 전 인·아웃 상황을 물어봤는데 아웃으로 봤다고 정확히 얘기해 주면 주심이 아웃으로 판정하면 되지만, 네트를 보다가 공의 착지점을 못 봤다고 한다면 주심이 판정하기가 굉장히 어렵다. 이때 주심은 정확히 판정하는 것도 중요하지만 경기 상황에 따라서 판정을 해야 하는 경우도 있다. 지역대회 예선전이라는 가정을 두고, 두 팀의 실력 차가 심하여 1세트에 A팀이 15대 7이라는 큰 점수 차로 이겼고, 2세트 경기 중에 점수가 13대 6이나 7로 2세트도 A팀이 이길 확률이 90% 이상 높은 상황에서 조금 전 인·아웃 상황이 B팀에게 발생했다면 아웃으로 판정하는 게 경기 운영의 묘가 될 수 있다. 그런데 아웃으로 하지 않고 최종 A팀의 득점으로 판정하게 되면 B팀은 경기 패배의 원인이 신판의 오심이라는 빌미를 줄 수도 있다. 그런데 두 팀의 실력 차가 없는 팀이라면 판정을 어떻게 해야 할까? 먼저 필자의 경우 인·아웃으로 합의 판정을 하러 오는 팀은 심판이 오심을 했기 때문에 합의 판정을 하러 온다고 생각한다. 그래서 합의 판정을 한 후 최종 판정을 내릴 때 합의 판정을 요청한 팀에게 포인트를 줘야 한다. 간혹 부심도 아웃으로 봤다고 하는데 주심이 합의 판정해서 그대로 득점 팀으로 판정하는 경우도 보였다. 이렇게 자신이 판정을 번복해야 하는 상황을 보이고 싶지 않은 주심이 있는데, 절대 합의 판정을 본인의 판정 도구로 사용해서는 안 된다. 주심이 정확히 착지 지점을 봤고 실점을 하게 된 팀에서 판정이 잘못됐다고 합의 판정을 요청하는 경우엔 주심이 본 대로 판정을 하면 된다. 간혹 그 세트에서 작전타임도 이미 썼고, 분위기 쇄신을 위해 주심의 판정이 맞는데도 주장이 일부러 한 템포 쉬어 가기 위하여 합의 판정을 요청하는 경우도 있다. 그럼 이때는 주심은 알겠다며 고개를 끄덕이고 부심에게 득점을 줬던 점수를 원위치시키라고 한 뒤, 합의 판정 시그널을 하여 부심에게 어떻게 봤는지 물어보고 부심이 못 봤다고 한다면 알겠다고 하고 주심이 봤던 대로 판정하면 된다. 그런데 가끔 주심이 본인이 정확히 봤으니까 판정이 맞다고 주장을 돌려보내고 합의 판정을 해 주지 않는 경우도 있는데, 이는 추후 심판이 합의 판정도 안 해 줘서 졌다고 경기의 패배를 심판에게 전가시키는 빌미를 제공할 수도 있다. 그래서 주심은 합의 판정 횟수가 남아 있다면 주장이 요청하는 합의 판정을 받아 줘서 판정을 내려야 한다.

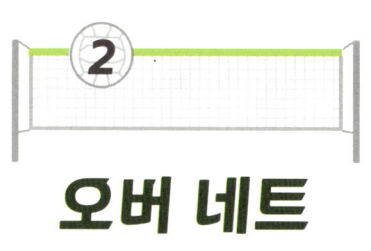

오버 네트

　다음으로 가장 많이 선수들이나 감독이 어필하는 오심 유형이 오버 네트이다. 그러나 족구 경기장에서 오버 네트는 오심이라고 하기엔 무리가 있다.

　상대 팀의 입장에서 봤을 때 공이 이미 네트를 넘었다고 생각했는데, 그 공을 발등으로 A 코스 방향으로 각 깊은 공격을 하면 그 공격을 오버 네트라고 생각할 수밖에 없다. 지금 현재 족구 경기에서 오버 네트에 대해선 주심이 결정하여 판정한다.

　주심의 좌측 팀에서 오른발 공격수가 네트를 넘어가려고 하는 공을 우측 팀으로 각 깊은 A 코스로 공격을 할 경우엔, 주심의 시야에 공의 착지 지점과 공격수의 후 동작까지 보게 된다. 이때 공격수의 발끝이 네트를 넘었는지 넘지 않았는지 판단을 하기에는 무리가 없다. 그래서 이때 우측 팀에서 오버 네트가 아니냐며 합의 판정을 할 경우엔 부심을 불러 물어보고 주심의 판단대로 하면 된다.

그런데 반대로 주심의 우측 팀에서 오른발 공격수가 네트를 넘어가려는 공을 좌측 팀으로 각 깊은 A 코스로 공격을 할 경우엔, 주심은 공을 차는 순간부터 공을 따라가게 되다 보니 공을 차고 난 후 동작에서 공격수의 발끝이 네트를 넘었는지 보는 것은 어려움이 있다.

그러면 이럴 경우 어떻게 대처해야 하느냐? 간혹 필자가 후배 심판을 주심으로 올리고 부심을 보는 경우가 있는데, 아직 오래되지 않은 심판들이 주심을 보다 보면 여유를 갖지 못하고 급하게 판정을 내리는 경우가 있다. 위처럼 주심의 우측 팀에서 좌측 팀으로 공격하는 경우 공격수 발끝이 네트를 넘지 않고 공격에 성공했는데 오버 네트로 판정하는 경우가 있다. 그런데 이때 해당 팀이 오버 네트가 아닌데 왜 오버 네트로 판정을 내리느냐며 합의 판정을 요청하는 경우가 있다. 이때 대처는 부심을 불러서 물어봤는데 오버 네트가 아닌 걸로 봤다고 하더라도 처음 주심의 판정대로 해야 한다. 그 이유는 그 후배 심판은 양 팀에게 똑같은 잣대로 오버 네트를 판정하기 때문이다. 그 이유는 아직 심판 연차가 오래되지 않아 주심석에서 침착하게 운영하는 요령을 터득하지 못했기 때문에, 차츰 활동을 오래 하다 보면 정확하게 판정을 할 수 있다. 심판은 보면 볼수록 실력이 늘어난다. 그러니까 심판 배정 시 지역 심판부장님이나 이사님이 경기를 많이 배정하면 내 실력을 늘릴 기회라고 생각하고 한 경기라도 더 보려고 하는 적극적인 심판이 되길 바란다.

그 밖의
오심 유형

　많이 발생하는 오심은 아니지만 가끔 '투 바운드'에서 오심이 발생하는데, 수비를 하는 입장에서는 정상적인 플레이라고 생각하고 공격하는 입장에서는 투 바운드라고 생각하는 경우가 있다.

　정확히 투 바운드가 발생하면 다행이지만 논란이 되는 경우는 원 바운드 후 투 바운드가 되기 전 바닥과 발이 동시에 터치되는 경우, 수비하는 팀은 정상이라고 생각할 수 있는데 동시에 상황이 발생됐다면 공격 측 우선으로 판정하면 된다. 그러나 투 바운드 상황이 애매하다면 주심은 경기를 계속 속행시킨 후 데드볼이 됐을 경우 득점해야 할 팀이 득점했으면 포인트를 주면 되고, 실점해야 할 팀이 득점하면 해당 팀에서 투 바운드에 대한 합의 판정을 요청할 수 있다. 그러나 투 바운드 상황으로 주심이 휘슬을 불었다가 정상 플레이인 경우가 가끔 발생한다. 이는 주심이 급한 마음으로 심판을 보다 보면 발생되는데, 설령 투 바운드라고 하더라고 추후 합의 판정을 하면 되니까 애매한 상황에서는 경기를 속행시키고 추후 판정을 하면 된다.

'안테나 외측 파울'도 가끔 논란이 되기도 한다. 안테나 외측 파울 같은 경우 주심과 부심은 수비한 공이 안테나 쪽으로 지나갈 것 같은 상황이면 꼭! 공을 바라보며 맞은편 코트로 신속히 이동하여 공이 안테나 쪽으로 지나올 때 정확히 봐야 한다. 안테나는 150㎝의 높이로 세워져 있기 때문에 공이 안테나 위쪽으로 오면 정확히 보기에 쉽지 않다. 그러나 중요한 건 선수들이 봤을 때 주심과 부심이 옆쪽으로 이동하지 않고 주심석, 부심석에 위치하면서 안테나 외측에 대한 판정을 하면 문제가 발생된다. 설령 그 공이 안테나 외측 파울이었더라도 옆쪽으로 이동하지 않고 판정을 하게 된다면 신뢰를 줄 수 없는 판정이 되는 것이다. 그래서 꼭! 주심과 부심을 옆쪽으로 이동하여야 하며 정말 안테나 안쪽으로 들어왔는지 안테나 위로 왔는지 애매한 상황일 경우엔 인플레이 시키는 게 현명한 판단이 될 수 있다. 왜냐하면 수비 측 입장에서는 안테나 안쪽으로 넘어갔다고 생각하고, 공격 측 입장에선 안테나 위로 넘어왔다고 생각될 수 있다. 안테나가 5m 이상 높게 설치되어 공이 넘어갈 때 터치되거나 안쪽으로 들어오는 걸 확인할 수 있으면 좋겠지만, 그렇지 않기 때문에 인플레이 시키는 게 현명한 운영이다. 그리고 대부분 안테나 근처로 넘어간 공이 득점이 되는 빠른 공이 아니고 수비한 느린 공이다 보니 상대편 입장에서는 공격 기회이기 때문이다.

다음 오심 유형은 '바디 터치'인데, 요사이 선수들의 매너가 좋아져서 심판들이 보지 못하였는데, 바디 터치라고 선수들이 손을 들어 주는 경우가 많이 늘어나고 있다. 심판 입장에서 보면 정말 고마운 선수고 매너 좋은 선수일 수밖에 없다. 그러나 바디 터치 때 모든 선수가 손을 들어 주면 좋겠지만, 점수가 박빙이고 중요한 점수일 경우엔 심판이 판정할 수밖에 없다. 바디 터치도 수비 측 입장에서는 정상 플레이라고 하고 공격 측 입장에서는 상대 팀 바디 터치라고 생각될 수 있다. 만약 주심의 시야에서는 못 봤지만 확연히 바디 터치 상황의 있을 경우엔 부심을 쳐다보고 부심이 시그널을 해 주면 한 템포 늦더라도 휘슬을 불어 바디 터치로 판정하면 되는데, 부심의 시그널이 없거나 시선이 마주치지 않으면 계속 플레이를 시켰다가 해당 팀에서 합의 판정을 요청하면 합의 판정 후 판정을 내리면 된다. 간혹 양 팀 선수들도 정상 플레이라고 생각하여 계속 플레이를 하는데 주심이 바디 터치로 오심할 때도 있다. 해당 팀 주장이 합의 판정을 요청하여 부심을 불러 물어보는데, 정상 플레이였다고 한다면 주심은 경기 운영을 잘 못 하는 상황이 되는 것이다. 그때는 양 팀 주장을 불러 바디 터치인 줄 알고 휘슬을 불었는데 죄송하다고 하고 노 카운트로 판정을 내리고 경기를 진행하면 된다. 이런 경우가 자주 생기지 않도록 항상 여유를 가지고 판정해야 한다.

이외에도 오심 유형이 있겠지만, 중요한 건 주심대에 올라설 때 차분한 마음가짐으로 여유 있게 경기를 운영하면 오심 없이 경기를 마칠 수 있으리라 생각된다.

제 6 장

합의 판정의
요령과 절차

「대한민국족구협회 경기 규칙 제16조(경기 진행) 18항 "합의 판정은 각 팀의 주장이 요청하며, 정당한 어필이나 주심의 독단적으로 판단이 어려울 경우 주·부심이 합의 판정한다. 주·부심의 합의는 최종 판정(단, 방송 경기 중 비디오 판독이 있을 경우에는 비디오 판독이 최종 판정)이며, 합의 판정은 세트당 1회만 허용한다. 단, 합의 판정을 신청해서 판정이 번복된 경우에는 합의 판정 가능 횟수가 차감되지 않는다.", 20항 "주심이 내린 최종 판정은 번복할 수 없다. 단 최종 판정이 되기 전 정확한 판단이 어려울 경우 경기를 중단시킨 다음 주·부심이 합의 또는 비디오 판독으로 최종 판정을 한다. 본 절차를 거치지 않고 심판이 인정하는 오심은 징계의 처벌을 감수하며, 이에 이의 신청은 받아들이지 않는다."라고 되어 있다.

한 경기의 주심대에 올라서서 주심으로서 경기를 진행하다 보면 합의 판정을 해야 할 경우가 생긴다.

합의 판정의 시기는 경기 규칙에도 나온 대로 각 팀의 정당한 어필이나 주심의 독단적으로 판단이 어려울 경우, 정확한 판단이 어려울 경우 경기를 중단시킨 다음에 해야 한다. 이러한 이유로 합의 판정을 할 때는 절대 서두르지 말고 침착하게 대응해야 한다.

첫째, 합의 판정을 한다는 의미로 양 팀 선수를 엔드 라인에 확실하게 정렬시킨 후에 시합구를 부심에게 전달되게끔 하는 게 최우선이다. 아직 얼마 되지 않은 심판이나 침착성을 잃은 심판들을 보면 선수들이 제 포지션에 있고 시합구도 선수가 가지고 있는데도 부심을 불러 합의 판정하는 경우가 있는데, 절대 침착해야 한다. 그리고 주심은 득점 시그널을 하여 점수를 넘겼다면 부심에게 점수를 원위치시킨다.

둘째, 부심 또는 선심이 있는 경우에 힘찬 휘슬 소리와 함께 합의 판정 시그널을 자신 있게 하여 심판들을 주심석으로 부른다. 간혹 어떤 심판들을 보면 시그널을 취할 때 자신 없이 하거나 제대로 시그널을 하지 않고, 휘슬 소리도 작게 하여 심판들을 부르는 경우가 있는데, 이는 양 팀 선수와 감독들에게 신뢰를 주지 못하는 행위로 보일 수 있다. 항상 자신 있고 힘차게 시그널을 해 주시길 당부드린다.

셋째, 부심과 선심들이 주심석으로 오면, 주심은 주심대에서 내려온 후에 "요청한 팀에서 어떠한 상황으로 합의 판정을 요청했는데, 어떻게 보셨느냐?"라고 가장 잘 볼 수 있는 심판에게 먼저 물어본 후에 다른 심판들에게도 물어본다. 이때 모든 심판들은 한 손으로 입을 가리고 대답을 하여야 한다. 지금도 합의 판정 시 인, 아웃을 물어보면 "저는 선수에 가려서 못 봤습니다."라고 입을 가리지 않고 대답하기도 하고 고개를 좌우로 돌리면서 "못 봤습니다."라고 하는 심판들이 있다. 선수들이나 감독들의 시선이 심판에 집중되어 있기 때문에 꼭 입을 가리고 대답하고 고개는 좌우로 흔들지 않아야 한다. 다 물어본 후에 주심은 각자 위치로 돌아가게 한 다음 최종 판정을 내려야 한다.

넷째, 최종 판정을 한 후 실점팀에서 질의나 항의가 올 경우 바로 「대한민국족구협회 경기 규칙」 '제24조(경고) 7항'에 따라 "주·부심 합의 판정 후 질의 시(팀) 팀 경고가 주어진다."라는 걸 알려 주고 정중히 돌려보내고, 만약 그래도 돌아가지 않고 질의를 할 경우 감독을 향해 팀 경고를 줘야 한다. 그래야 팀들은 이 심판은 경기 규칙을 제대로 숙지하고 심판을 본다는 인식을 하게 된다.

이때 정말 주의해야 할 사항이 있다. 합의 판정을 하는 이유를 정확히 알아야 한다.

필자는 이렇게 생각한다. 합의 판정의 진정한 의미는 원활한 경기를 위한 판정을 바탕으로 두고, '오심을 없애고 정확한 판정을 하기 위해' 합의 판정을 하는 것이라고 생각한다. 어떻게 보면 쉽기도 하고 어떻게 보면 굉장히 어려울 수도 있는 문구다. 간혹 어떤 주심들을 보면 합의 판정을 자신을 합리화하기 위한 수단으로 활용하기도 한다. 자기의 권위를 세우기 위한 행위로도 보이는데, 합의 판정은 오심을 합리화하여 자신의 권위를 세우는 수단으로 활용되어서는 절대 안 된다.

필자는 해당 팀에서 합의 판정을 요청할 때는 내 판단이 틀렸기 때문에 합의 판정을 요청한다고 생각하고 합의 판정을 받아들인다. 그래서 내 경우엔 합의 판정을 받아들여서 내가 처음 판단한 상황과 반대로 번복할 경우가 상당히 많다. 물론 그 합의 판정을 주심이 정확히 봐서 합의 판정 후에 똑같이 결정을 내릴 수도 있지만, 내가 하고픈 말은 절대 오심을 합리화해서는 안 된다는 것이다.

최종 합의 판정으로 인해서 득점해야 할 팀이 실점을 당하거나, 실점해야 할 팀이 득점했을 경우에 그 심판으로서는 두 가지를 한꺼번에 잃는다고 생각한다. 그 하나는 득점해야 할 팀이 실점을 당했기 때문에 억울한 마음에서 그 심판을 안 좋게 기억하게 되고, 실점해야 할 팀 역시 그 상황에서는 팀 자체적으로 자기들끼리 좋아할진 모르지만, 해당 심판은 그 팀에서조차 오심을 하는 심판이라는 낙인이 찍히게 되는 것이다. 심판을 하루이틀 보는 것도 아니고 그 팀을 한두 번 대하게 되는 것도 아니다. 족구장을 자주 다니다 보면 항상 마주치는 얼굴이 그 얼굴과 그 팀이다. 그렇기 때문에 절대 오심을 합리화하는 합의 판정은 절대 있어서는 안 된다.

　요즘 족구 대회를 다니다 보면 심판들의 능력이 예전에 비해 훨씬 좋아지고 거기에 따라서 권위도 높아졌다고 생각한다. 하지만 정말 유능한 심판은 배정된 경기에 주심대에 올라서서 원만히 경기를 진행하고, 경기 후에 두 팀이 누가 심판을 봤는지 기억에 안 남는 심판이 유능한 심판이라고 생각한다. 모든 심판님들이 유능한 심판이 되시길 진심으로 바란다.

제 7 장

방송 촬영 경기에서의 심판법

　지금까지 방송에서 족구 경기를 많이 방영했지만, 생방송으로 송출된 건 불과 2~3년 전이다. 경기를 생방송으로 송출하다 보니 심판으로서는 오심에 대한 부담감이 더 클 수밖에 없다. 실제로 아직 경험이 많지 않은 주심은 방송이라는 부담감에 많이 떨기도 하고 포인트 시그널을 반대로 주기도 하는 상황이 발생하기도 한다. 대한민국족구협회 유튜브 방송도 마찬가지다. 앞서 제2장 심판의 역할 중 선심, 기록심, 판독심의 역할을 방송 경기 내용으로 서술하였기에 이 장에서는 주심과 부심의 방송 촬영 경기에서 심판법을 서술하고자 한다.

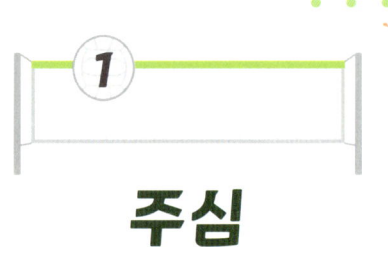

주심

 부담감이 클 수밖에 없는 자리다. 특히 생방송 경기에서는 더욱 그렇다. 다른 심판들이 필자에게 물어본다. "아니, 선배님은 어떻게 그렇게 편하게 심판을 보십니까?" 하고 물어보는데, 편하게 심판을 보는 사람은 없다. 공에 집중하고 침착하게 운영하려고 노력하는 것이다. 물론 그동안 20년 넘게 수많은 경기의 심판을 보다 보니 다른 심판들에 비해 경험이 많은 편이라 더 편하게 볼 수 있을 것이다.

 방송 경기는 정확한 시간에 시작해야 하기 때문에 미리 코트에 배정된 심판들과 사전 미팅을 통해 요구 사항을 전달해야 한다. 주심마다 운영 방식이 조금씩 다를 수 있고 해당 경기를 아무 문제 없이 원활하게 진행하기 위해선 사전 미팅이 필수이다.

 물론 선심을 제외한 주심, 부심, 기록심, 판독심들이 인이어를 통해 수시로 내용에 대해 소통은 하지만, 미리 배정된 심판들에게 다시 한번 체크를 하여야 한다.

주심으로 배정되는 심판은 대부분 1급 심판으로 배정된다. 그러나 생방송으로 진행되는 점, 특히 스포츠 채널에서 송출하는 경우엔 자칫 미숙한 경기 운영으로 방송 사고로 이어질 수도 있기 때문에 아무리 1급 심판이라도 신경이 곤두설 수밖에 없다.

사전 미팅을 끝내고 주심은 부심, 선심들과 경기 시작 5분 전에 코트 입장 대기를 하여야 한다.

그리고 담당 경기 위원의 신호에 따라 경기 시작 3분 전에 코트로 입장 후 양 팀 선수를 정렬시킨 후 선수 상견례 시그널을 하고 경기 시작 10초 전에 담당 경기 위원의 신호에 따라 경기 시작 서브 휘슬로 경기를 시작한다. 이때부터 주심은 공에 집중하고 침착하게 경기를 운영하여야 한다. 득실점이 발생하면 해당 선심을 확인하고 네트에 붙는 공이었으면 부심까지 확인 후 차분히 휘슬을 불어 득실점 시그널 후 해당 팀에게 점수를 주면 된다. 경기를 차분히 진행하고 큰 무리 없이 끝나면 다행이지만, 간혹 선심들이 오심을 하는 경우가 있다. 특히 공격이 성공한 볼인데 선심이 아웃으로 수기를 드는 경우가 대표적이다. 필자가 주심으로 배정되면 사전 미팅 시에 선심들에게는 본 대로 자신 있게 수기를 사용하라고 얘기한다. 그 이유는 선심 입장에서 봤을 때는 그렇게 보일 수도 있기 때문이고, 가장 중요한 건 실수를 하더라도 주심이 바로잡으면 되기 때문이다.

인·아웃에 대해선 주심은 절대 놓치지 말고 공을 주시하여야 한다. 간혹 공격이 성공했는데 수비를 하여 공이 살아 있을 때는 선심이 아웃을 들었더라도 차분히 계속 경기가 진행될 수 있도록 인플레이 시그널을 줄 수 있어야 한다. 그 공격이 아웃이 아니라는 것은 양 팀 선수들도 아는 경우가 많다. 그러나 결정적인 상황에 선심의 오심이 나는 경우에는 어떻게 할까? 물론 주심이 본 대로 판정할 수도 있다. 그러나 그 포인트가 세트 포인트이거나 게임 포인트일 경우엔 논란이 될 수 있기 때문에, 이럴 경우 주심이 비디오 판독을 요청하여 판정하면 경기를 원활하게 끝마칠 수 있다. 간혹 위의 상황에서 주심이 합의 판정을 진행하는데, 물론 합의 판정으로 올바른 판정을 할 수도 있지만, 그보다 더 양 팀 선수들에게 신뢰를 주는 비디오 판독으로 진행하는 게 맞다.

또 하나 방송 경기에서 주심이 신경 써야 할 부분이 오버 네트에 관한 상황이다. 운동장에서 진행되는 경기는 오버 네트를 주심이 판정하는데, 방송 경기에서는 오버 네트에 관한 사항은 부심에게 전적으로 맡겨야 한다. 그 이유는 체전부 경기의 경우 공의 스피드가 워낙 빠르기 때문에 주심은 인·아웃을 집중하여 봐야 하기 때문이다. 감독님들의 비디오 판독 요청 사항 중 인·아웃 다음으로 많이 요청하는 것이 오버 네트에 관한 판독이다. 주심은 오버 네트로 휘슬을 불어 판정을 하였는데, 해당 감독은 오버 네트가 아닌데 오버 네트로 불었다고 비디오 판독을 요청하는 경우가 있다. 이때 비디오 판독을 하게 되면 오버 네트에 관한 번복률이 꽤 높다. 이런 부분도 오심이기 때문에, 오심 없이 경기를 진행하기 위해선 오버 네트를 부심이 마지막까지 확인하여 인이어로 "오버 네트입니다."라고 알려 주면 오버 네트로 판정하면 된다.

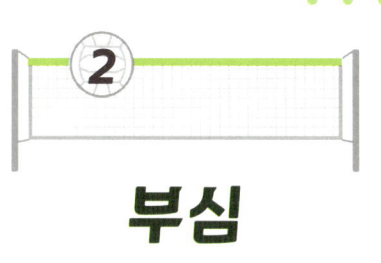

부심

    방송 경기에서 부심의 역할은 주심을 잘 보좌해서 경기를 원활하게 마칠 수 있게 하는 것이다. 「제2장 족구 심판의 역할」에서 부심의 역할에 대해 서술했는데, 방송 경기에서는 기록심을 별도로 배정하여 진행하기 때문에 부심은 경기장 내 상황에 집중하여야 한다. 그중에서도 특히 부심은 체전부 공격의 경우 투 바운드 쓰리 터치로 경기가 진행되기 때문에 세터의 공이 네트에 가깝게 붙을 수밖에 없다. 이럴 경우 부심은 절대 공을 따라가지 말고 차는 순간부터 공격수의 후 동작까지 집중해서 봐야 한다. 인·아웃은 주심과 선심들이 보고 있기 때문에 부심은 네트에 가깝게 붙어 공격수의 후 동작을 주시해야 한다. 방송 경기에서 주심 좌측 팀의 오른발 공격수가 우측 팀의 A 코스 깊은 각도로 공격했는데 부심이 공을 따라 고개가 돌아가는 것이 주심의 시야에 그대로 들어오기도 한다. 물론 공격하는 공이 네트에 떨어져 있는 경우는 공을 따라가는 게 맞다.

그러나 네트 50㎝ 이내에 붙은 공은 따라가서는 안 된다. 주심이 부심을 믿고 경기를 운영할 수 있도록 믿음을 줘야 한다. 공격수가 차는 순간 발 끝이나 신체가 조금이라도 넘는 경우엔 인이어를 통해 오버 네트라고 바로 알려 주어야 한다. 물론 오버 네트가 아닌데 오버 네트라고 알려줘서도 절대 안 된다. 주심은 차는 순간까지 오버 네트가 아닌 걸로 보고 공을 따라갔는데, 후 동작이 아니라 차는 바로 그 순간을 부심이 오버 네트라고 인이어로 얘기하면 주심은 혼란이 올 수 있다. 부심석에 있는 부심도 경기를 침착하고 여유 있게 운영하도록 하여야 한다.

제 8 장

스포츠지도사 자격증 취득 방법

　심판도 지도자라고 할 수 있다. 아니, 지도자다. 그리고 현재 대한민국족구협회 심판 1급을 취득하려면 대한민국족구협회 3급 경기 지도자 자격을 취득하여야만 응시 자격이 생긴다. 대부분 선수 출신의 지도자가 많긴 하지만, 심판 출신의 지도자도 있다. 필자가 방송 경기 심판을 보다 보면 체전부 감독들도 경기 규칙을 잘 모를 때가 있는데, 규칙은 계속 바뀌다 보니 지도자가 잘 알고 적용할 줄 알아야 한다. 그런 측면에서 심판은 규칙을 잘 알고 있기 때문에 훌륭한 지도자도 될 수 있다.

　제8장에서 필자가 서술하고자 하는 건, 족구가 더욱더 발전하고 엘리트 체육으로 발전하기 위해서는 국가 자격증인 '스포츠지도사'를 취득하는 사람이 많아야 한다. 협회 지도자 자격증은 민간 자격증이다. 물론 협회 자격 취득도 중요하지만 국가 자격증을 필히 취득하여야 한다. 현재 족구 종목의 국가 자격증은 문화체육관광부 장관이 부여하는 '생활스포츠지도사 2급, 1급', '유소년스포츠지도사', '노인스포츠지도사'가 유일하다. 추후 학교에서 지도자로 활동을 하려면 국가 자격증이 필수이다. 필자가 2023년과 2024년 족구 스포츠지도사 자격검정 평가관을 2년 동안 역임했고, 현재 스포츠지도사 자격검정 실무 위원회 부위원장으로 활동하고 있지만, 매년 위의 자격증을 취득하려는 인원들이 너무 적다. 족

구 종목이 발전하려면 위와 같은 자격증을 취득하려는 사람들이 많아야 하는데, 너무 아쉽다. 이 글을 읽는 분들께서라도 아직 자격증을 취득하지 않았다면 꼭 취득하시길 바란다.

그럼, 위 자격증을 취득하기 위한 방법을 알려드리고자 한다.

모든 스포츠지도사 필기 접수부터 실기, 구술, 연수는 국민체육진흥공단 체육지도자 홈페이지에서 접수한다. 시험은 1년에 1번 시행된다.

아래 첨부한 생활스포츠지도사 2급 필기 과목, 2025년도 시행된 일정표, 그리고 실기와 구술의 평가 방법을 참고하시기 바란다.

필기시험과목 (7과목 중 5과목 선택)

선택 (5과목)
- 스포츠교육학
- 스포츠사회학
- 스포츠심리학
- 스포츠윤리
- 운동생리학
- 운동역학
- 한국체육사

2025년도 체육지도자 자격검정 및 연수일정

< 필기 >

구분	1급 전문·생활·장애인	2급 전문	2급 생활·장애인, 유소년, 노인	건강운동관리사
1. 온라인 접수	3.13(목)~3.17(월)	3.20(목)~3.24(월)	3.27(목)~3.31(월)	5.8(목)~5.12(월)
2. 증빙서류 제출	3.13(목)~3.19(수)	3.20(목)~3.26(수)	증빙서류제출 불필요	5.8(목)~5.14(수)
3. 검정료 납부			3.27(목)~3.31(월)	
추가 접수 및 납부	추가접수 없음	추가접수 없음	4.3(목)~4.4(금)	추가접수 없음
4. 필기시험	4.26(토)			6.14(토)
5. 합격자 발표	5.16(금)			6.30(월)

< 실기구술 >

구분	1급 생활·장애인 2급 전문·생활·장애인, 유소년, 노인		건강운동관리사
	<동계>	<하계>	
1. 온라인 접수	1.31(금)~2.5(수)	5.28(수)~6.2(일)	7.2(수)~7.7(월)
2. 증빙서류 제출			7.2(수)~7.8(화)
3. 검정료 납부			
4. 실기구술시험	2.11(화)~3.9(일)	6.5(목)~7.3(목)	7.12(토)~7.13(일)
5. 합격자 발표	3.12(수)	7.11(금)	7.25(금)

< 연수 >

구분		1급 전문	1급 장애인	1급 생활	2급 전문·생활·장애인, 유소년, 노인	건강운동관리사
1. 정기 접수 및 납부		7.17(목)~7.22(화)				8.1(금)~8.5(화)
(추가 접수 및 납부)		7.24(목)~7.28(월)				8.7(목)~8.11(월)
2. 연수	일반	8.2(토)~12.6(토)		8.2(토)~10.19(일)		8.16(토)~11.23(일)
	현장실습	9.1(월)~12.6(토)				
3. 최종합격자 발표 (자격증 발급)		12.19(금)		12.5(금)		12.19(금)

※ 일정 미확인으로 인해 발생한 모든 불이익은 지원자 본인에게 있음을 안내드립니다.
  상기 일정은 변동 가능하며, 변동사항 발생 시 체육지도자 홈페이지를 통해 공지됩니다.
  각 시험 및 연수의 접수는 선착순이며, 각 고사(시험)장 및 연수기관의 상황에 따라 조기 마감될 수 있습니다.
  각 검정기관 및 연수기관의 사정에 따라 계획이 변경될 수 있습니다.

2급 생활, 유소년, 노인스포츠지도사

구분	평가 영역	평가 내용	평가 기준
기본 기술	경기 시작 단계	서브 (20점)	안축 밀어주기	서브를 정확하게 수행할 수 있는가? ① 타점의 높이를 낮게 유지하는가? ② 서브의 강도는 어떠한가?
	경기 전개 단계	띄우기 (20점)	직상 띄우기	직상띄우기를 정확하게 수행할 수 있는가? ① 중심축의 무릎은 안정적으로 고정되어 있는가? ② 무릎을 중심으로 상체가 흔들리지 않는가? ③ 상체의 중심이 바로 세워져 있는가?
		이동 하기 (10점)	투 스탭	투 스탭을 정확하게 수행할 수 있는가? ① 이동 간 무릎과 상체의 중심이 흔들리지 않도록 투 스탭을 제대로 하고 있는가? ② 이동 간 양발이 지면에서 떨어지지 않도록 투 스탭을 제대로 하고 있는가?
		받기 (30점)	머리 받기 (15점)	머리받기 동작을 정확하게 수행할 수 있는가? ① 중심축이 견고한가? ② 공의 타격 위치에 따른 방향과 구질을 이해하고 있는가? ③ 무릎을 펴면서 미간과 정수리 사이로 정확히 공을 응시를 하였는가?
			안축 받기 (15점)	안축받기 동작을 정확하게 수행할 수 있는가? ① 안정적인 기마자세를 하고 있는가? ② 공과의 타격 시 중심이 되는 무릎과 상체가 고정이 되어 있는가? ③ 발 안축으로 정확하게 받기를 수행하는가?
	경기 마무리 단계	공격 (20점)	서서 차기 (20점)	서서차기 동작을 정확하게 수행할 수 있는가? ① 볼을 정확하게 타격하여 상대 코트에 강하게 치는가? ② 차기를 수행하기 위해 볼의 위치에 맞게 자세가 정확하게 수행되는가?

○ 시행 방법: 규정 2문제(50점), 지도 방법 2문제(50점)
○ 합격 기준: 70점 이상(100점 만점)

영역	배점		분야
	50점	시설/도구	경기장 규격 및 복장, 지주 및 안테나 관련, 공인구 규격, 라인 관련 규정 및 기타
		경기 운영	성적 산출법 및 족구인 역할 관련, 경기 진행 및 경기 상태 관련 규정 및 기타
	50점	대상별 지도 방법 (생활, 유소년, 노인)	- 학교체육/생활체육/전문체육 관련 구분 지도 방법 - 스포츠 경기 방식 종류 지도 방법 - 루틴 지도 방법 - 목표 설정의 효과 지도 방법 - 생활체육지도자의 자질 지도 방법 - 성폭력 방지 방안 지도 방법 - 스포츠 폭력 근절 대책 지도 방법 - 코칭의 개념 지도 방법 - 항상성의 개념 지도 방법 - 유소년 실기 능력 향상을 위한 긍정적 피드백 지도 방법 - 유소년 운동선수의 보호 방안 지도 방법 - 준비 운동 및 정리 운동 지도 방법 - 노인 운동 프로그램 주의 사항 지도 방법 - 노인 운동의 긍정적 효과 지도 방법 - 기타 지도 방법

* 위 내용은 구술 검정 준비에 도움을 주기 위한 범위이며, 위 내용 외에 더 추가로 범위를 선정하여 검정할 수 있음
* 지도자로서의 표현력, 전달력, 답변 태도 등은 규정 지도 방법에 포함하여 평가

실기는 그동안 족구를 해 온 동호인이라면 쉽게 합격할 수 있으리라 생각되고, 구술은 경기 규칙과 지도 방법에 대해 공부해야 답변을 잘할 수 있다. 특히 구술은 내가 알고 있는 문제라 하더라도 평가관에게 말로 설명해야 하기 때문에 쉽지 않다. 중요한 것은 입에서 문제에 대한 답이 바로 나올 수 있도록 계속 듣고 공부할 수밖에 없다.

실기와 구술에 합격한 후에 연수를 신청해야 하는데, 연수는 타 종목과 같이 받아야 하는 시간이 있다 보니 연수 접수 당일 열리는 시간에 맞춰 접수해야 내 지역의 연수 기관에서 연수를 신청할 수 있다. 만약 내 지역의 연수 기관이 마감되면 타 시도의 연수 기관에서 받아야 하는 경우도 있으니 주의하기 바란다. 연수는 강의 출석을 잘하면 큰 무리 없이 합격할 수 있으리라 생각된다. 연수가 끝나면 최종 합격자 발표를 12월 초에 한다. 스포츠지도사 자격을 취득하기가 쉽지 않지만, 아직 족구는 타 종목에 비해 취득하는 게 훨씬 쉽다고 생각된다. 그러니 꼭 도전해 보길 바란다.

심판 활동 사진 1

3급 심판 취득 심판강습회(2002년)

1급 심판증 수여식(2008년)

강원도 춘천 소양강배(2008년)

광주광역시 심판이사 시절(2009년)

📷 심판 활동 사진 2

경기도 부천 SBS족구최강전(2010년)

제3회 소양강배 수퍼리그 강원도 춘천(2010년)

2024년 족구 코리아 디비전 J1리그(전북 무주)

제8회 대한민국족구협회장기 시·도대항
전국족구대회(2025년)

심판 활동 사진 3

제1회 세계족구대회 결승 주심(2023년)

2024 족구 코리아 디비전 J1리그 (전북 무주)

제1회 세계족구대회 경기 후 우승팀(대한민국)과 함께

제1회 세계족구대회 경기 후 준우승팀(체코)과 함께

📷 심판 활동 사진 4

광화문광장 한-체코 친선 족구한마당(2024년)

광화문광장 한-체코 친선 족구한마당(2024년)

제106회 전국체육대회 경남 양산(2025년)

제105회 전국체육대회 경남 창원(2024년)

심판 활동 사진 5

2024 족구 코리아 디비전 J1리그(전북 무주)

2025 족구 코리아 디비전 J1리그(전북 무주)

부록

1. 대한민국족구협회 전문체육 족구 경기 규칙
2. 대한민국족구협회 생활체육 족구 경기 규칙
3. 대한민국족구협회 심판위원회 규정
4. 대한민국족구협회 심판 매뉴얼

전문체육 족구 경기규칙

제정   2023. 12. 1.
개정   2024. 1. 13.
개정   2024. 10. 30.
개정   2025. 11. 3.

제1장 경기

제1조(정의) ① 족구경기는 팀별로 2인제 2명씩, 4인제 4명씩으로 구성된 두 팀이 플레이를 하는 것이다. 각 팀의 목적은 발(무릎미만)과 머리(턱 이상)만을 이용해 공을 상대 팀의 코트로 넘겨 득점하거나, 상대 팀이 득점하려는 것을 막는데 있다.<개정 2025.11.3.>
② 경기는 한 세트 15점을 먼저 선취한 팀이 2세트를 먼저 취득하게 되면 승자가 된다.
③ 족구경기는 공인 심판과 공인 시설 및 용구에 의해 진행된다.

제2장 시설과 장비

제2조(경기장) ① 경기장은 경기코트와 자유지역을 포함하며, 직사각형으로 둘로 나뉜 양쪽이 대칭을 이루어야 한다.
② 경기장의 규격은 경기코트와 수비지역으로 둘러진 45m×24m 크기의 직사각형이다.
③ 사이드라인에서 10m, 엔드라인에서 15m 이내는 어떠한 장애물도 없도록 공간이 확보되어야 한다.
④ 경기장의 표면은 평평하고 수평을 이루어야 하며 균일해야 한다.
⑤ 모든 경기는 별지 제1호 서식에 따른 대한민국족구협회 승인 족구 코트 매트 위에서 해야 한다.

12m이어야 한다.

⑦ 코트의 규격은 다음 각 호와 같다.

1. 사이드라인은 7.5m 씩 양 팀으로 전체 15m이다.
2. 엔드라인의 폭은 6.5m이다.
3. 서브제한 구역은 사이드라인 연장선과 엔드라인 뒤쪽으로 3m이다.
4. 서브라인은 엔드라인으로부터 30cm를 이격하여 연장한다.
5. 네트의 높이는 센터라인에서 수직으로 남자 105cm, 여자 90cm 높이로 설치한다.
6. 안테나의 높이는 지면으로부터 150cm이다.
7. 안테나는 사이드라인으로부터 21cm(공의 지름)를 이격 설치한다.
8. 선수교체 지역은 부심라인에서 중앙으로부터 2m이다.

⑧ 실내경기장의 기온은 최저 16℃이상 25℃ 이하여야 한다.

⑨ 조명은 선수들과 경기원들의 눈부심을 최소화 하여 설치되어야 하며, 1,000룩스(lux) 이상으로 공식대회의 경우 경기장 표면 1m 위에서 측정했을 때 1,000룩스(lux) 보다 낮아서는 안 된다.

족구 경기장

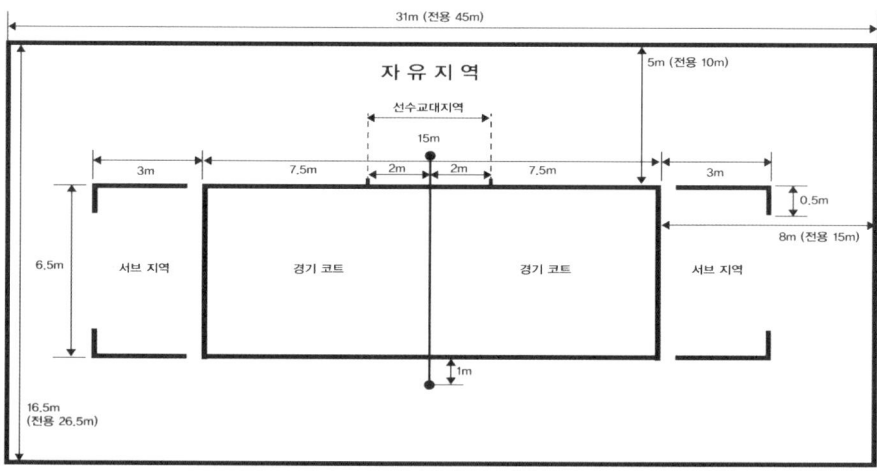

제3조(네트) 네트의 길이는 7.5m, 폭 75cm로 네트플레이가 가능한 그물망(정방 10cm)이며, 상단의 수평 밴드는 너비가 5cm이다. 설치확인은 심판 및 주장이 점검 조정한다.

제4조(지주 및 보호대) 지주는 지름 7.5±2.5cm의 견고한 것으로 사이드라인으로부터 1m이상 이격하여 설치하되 안전을 위하여 별지 제3호에 의한 지주보호대를 부착하여야 한다.

제5조(안테나) 안테나는 사이드라인의 끝부분으로부터 21cm(공의 지름)간격을 두고 수직으로 네트에 견고히 설치하며, 네트 위 상단 부분은 잘 보이도록 빨간색과 흰색의 대조적 색상을 사용한다.

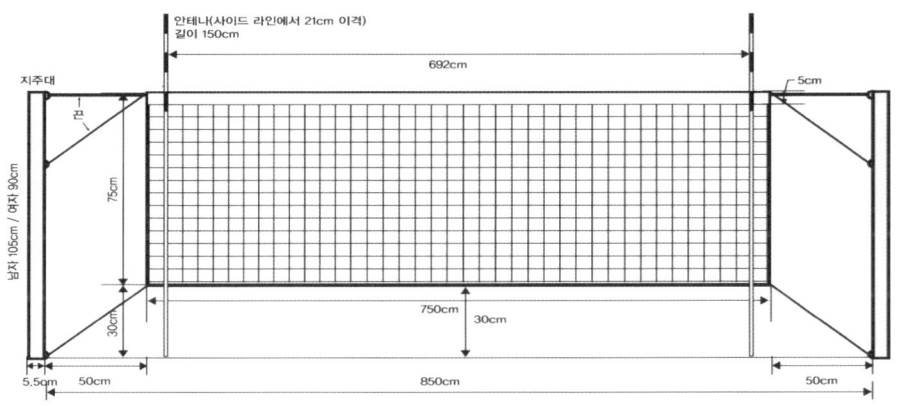

제6조(사이드밴드) 네트 사이드라인 바깥으로 폭 1m, 길이 75cm의 흰색 밴드는 수직으로 네트에 고정시키고 사이드라인 양 옆 바로 위에 설치한다.

제7조(라인) 모든 라인은 5cm 폭으로 바닥과 다른 색상으로 구분되는 천 또는 테이프로 한다.

제8조(공) 공은 대한민국족구협회 공인규정에 의거 심의 공인한 것으로 한다.

① 공인구는 12조각 이내로 무게는 360~380g, 공기압은 0.48bar±0.01bar(구장의 조건에 따라 ±10%추가)이며, 공의 반발높이는 20℃에서 90~110cm, 5℃에서 70~90cm 이내(KISS 시험기준에 따라 5cm 이상의 강철재 바닥 기준 2m 높이에서 수직으로 자유낙하)의 반발이 되고, 크기는 지름 200~205mm이다.<개정 2024.10.30>

② 대회사용구는 대한민국족구협회 및 산하단체에서 주최·주관하는 공식대회 시 공인규정에 의거 대회사용구로 지정된 공을 사용한다.

③ 모든 공식대회에서는 공 5개를 사용해야 하며, 보조요원은 자유지역의 각 모서리에 각각 위치해야 한다.

제9조(족구화) 족구화는 대한민국족구협회 기술위원회 규정에 의거 심의 인정한 것이어야 하며, 개조되지 않은 일체형 제품이어야 한다.

① 규격은 가죽이나, 인조가죽으로 튼튼한 재질이어야 하며, 바닥은 염료를 사용하지 않은 고무나 합성고무로 요철의 형태는 자유롭게 적용하되 요와 요의 간격은 5mm 이내여야하고, 요와 철의 높이는 3mm 이내로 한다.

② 가죽이나 인조가죽의 상부표피 돌출부위는 2mm 이내로 하며, 바닥 모서리는 선수의 부상과 전용바닥재 손상을 예방하기 위해 둥글게 처리한다.

③ 족구화는 대회의 품위, 전용 바닥재 손상여부, 선수 안전등을 고려하여 족구화라고 지정한 신발로 제한한다.

제10조(복장) ① 선수의 복장은 상의, 반바지, 양말 그리고 족구화로 구성된다.

② 선수의 경기복장은 팀별로 동일해야하며, 하의는 반바지로 하고, 상의는 긴팔과 반팔을 구분하여 동일해야 한다.

③ 번호는 상의 색상과 대비가 되는 밝은 색으로 앞면은 5cm이상 인식이 가능한 위치에 자유롭게 표기하며, 뒷면은 중앙에 15cm이상의 크기로 위치해야 한다. 뒷

면 번호의 최소 굵기는 2cm가 되어야 한다.<개정 2024.1.13.>

④ 선수의 경기복 번호는 1~99번까지 사용 할 수 있다.

⑤ 주장은 경기 시작 전 주장 띠를 좌측 팔에 필히 착용하여야 한다.

⑥ 타이즈 착용 및 밀착형 무릎보호대는 허용한다.

⑦ 두건의 두께는 1mm이하, 머리띠는 넓이 5cm이내 두께는 3mm이하의 규격을 허용하되, 모자 착용은 금한다.

⑧ 안구보호대 착용은 허용한다.

⑨ 기타 선수에게 부상을 입히거나 인위적인 이점을 줄 수 있는 물품을 착용하는 것은 금지된다.

제3장 팀 구성

제11조(팀 구성) ① 한 팀은 감독, 코치, 선수를 포함하여 최대 8명으로 구성하며, 선수의 동일한 등번호 사용은 금지한다.

② 전문선수가 협회의 경기규칙 및 제 규정을 준수하지 않는 타 족구 단체의 행사(대회)에 참여시 제재를 감수 하여야 하며, 심판은 자격을 취소한다.

제12조(감독) ① 감독의 복장은 단정하여야 하며, 규정준수, 팀의 소속감고취, 행사참여, 정신교육의 책임을 가지며 대회집행부 및 심판진의 불합리한 진행이 야기될 시 경기 종료 후 이의 신청, 경기 시 작전타임, 선수교체의 권한을 갖는다.

② 감독은 참가 신청서에 명시된 지만이 수행 할 수 있으며, 경기 시작 전 해당 코트에 위치하여야 한다. 어떠한 경우라도 선수가 감독대행을 할 수 없다.

③ 감독은 경기 시작 전 팀의 선수에 대해 우수비부터 시계방향으로 서브순번과 등번호를 제출하여야 한다.

④ 모든 부서의 감독은 반드시 지도자 자격을 취득한 사람으로 협회의 경기인등록시스템에 등록된 사람만이 감독으로 등록 할 수 있다. 또한 모든 지도자는 협회에 등록 후 발급받은 자격증을 패용하여야 하며, 신분확인 요청 시 경기인등록시스템의 실시간 자격정보로 확인할 수 있다.<개정 2024.10.30>

⑤ 감독은 선수로 등록 할 수 없다.

⑥ 감독은 최초 등록 후 최소 6개월은 감독직을 유지하여야 한다.

⑦ 코치는 감독이 제재를 포함한 어떠한 이유로 인하여 팀에서 이탈해야 하는 경우 심판의 확인을 받은 후 감독의 부재동안 감독의 역할을 대행할 수 있다.

제13조(주장) ① 각 팀은 주장을 선임하여야 하며, 주장 띠 미착용 시 심판판정에 대한 질의 및 기타 요구를 할 수 없다.

② 주장은 경기장, 공의 점검, 상대 팀 선수확인, 애매한 판정에 대한 질의 및 규칙 적용에 대한 해석요구, 복장교환, 환자 발생 시 휴식 등의 요구를 할 수 있다.

③ 주장의 요구를 주심의 판단에 따라 반려 또는 승인 할 수 있다.

④ 주장이 교체 시 주장띠는 주전 선수 중에 인계하여야 한다.

제14조(선수) ① 팀 선수는 경기 전 최소 4명을 구성해야 한다.

② 경기 시작 전 또는 경기 중 4명의 선수 미달일 경우 실격패 처리한다.

③ 심판이 신분확인을 요청 할 경우에는 반드시 응해야 한다.

④ 규칙을 준수하고, 상대팀에게도 정중한 자세를 취해야한다.

제4장 경기방식

제15조(득·실점) ① 득점은 상대편 코트에 공이 정상적으로 성공하거나 상대팀이 반칙 또는 벌칙을 받는 경우이며, 득점에 반하여 상대 팀은 실점이 된다.

② 득점의 행위가 종료 후 동작이 연결되어 규칙을 위반할 경우 시간차상 득점

이 우선하면 득점으로 인정되며, 규칙위반이 우선하면 실점이다.

제16조(경기진행) ① 경기는 받기(리시브), 띄우기(토스), 차기(킥), 주기(서브)로 이루어진다.

② 사이드라인과 엔드라인의 어느 부분이라도 공의 터치 시는 인플레이이다.

③ 선수의 위치는 포지션에 관계없이 자유롭게 위치한다.

④ 모든 경기는 3세트를 원칙으로 한다. 단, 대회의 장이 여건을 고려하여 증·감할 수 있다.

⑤ 세트점수는 15점으로 듀스 시 2점을 먼저 선취한 팀이 승이며, 상한 점수는 19점이다. 최종세트는 8점을 선취한 경우 코트를 교체한다. 단, 최종세트 경기 중 코트교체 시점 8점을 초과하였을 시는 확인된 상황에서 코트를 교체한다.

⑥ 점수는 공격과 수비에 관계없이 교차점수를 적용한다.

⑦ 작전시간은 해당 팀 감독의 요청으로 주심의 승인이 있어야 하며, 1세트 1회 1분 이내로 실시한다.

⑧ 선수의 교체는 해당 팀 감독의 요청으로 주심이 다음 각 호의 기준에 의하여 승인한다.

1. 선수명단에 게재된 선수 중에 매 세트 당 3명 이내에 자유롭게 교체할 수 있다.

2. 어떠한 경우라도 감독의 부재시에는 선수교체가 불가능하며, 다음 세트가 시작 시 출전한 선수는 교체로 보지 않는다. 단, 주심에게 반드시 통보하여야 한다.

3. 다음 세트 시작 시 주심에게 미 통보 출전 선수
  - 감독이 있을 경우 : 선수교체로 본다.
  - 감독이 없을 경우 : 팀 경고

4. 경기 중 환자 발생 시 경기당 선수별 3분 이내 2회에 한하여 휴식을 부여할

수 있으나, 3분 후 해당세트에 4명의 선수 미 구성 시 실격처리 한다.

5. 주심의 교체 승인 후 5초 이내에 이루어져야 하며, 지연 시 팀 주의다.

⑨ 신체의 허용부위는 무릎미만의 다리와 턱 이상의 머리만을 사용한다.

⑩ 코트플레이는 2바운드 3터치 이내에 자유롭게 할 수 있으며, 서브나 공격을 가로막기(허용부위는 제9항과 같다) 할 수 있고, 바운드 후 네트 상단에 위치한 공은 공격 측에 우선권을 부여한다.(수비 측 터치 시 실점)

⑪ 선수의 공 터치는 각 1회씩 3회 이내에만 허용하며, 바운드는 1회씩 2번 이내로만 허용한다.(2/3원칙)

⑫ 네트플레이는 허용되며, 신체를 제외한 네트에서 발생하는 모든 상황은 인플레이다. 다만 안테나를 기준으로 내측만이 네트이며, 이외는 타 물체이다.

⑬ 네트 하단으로 완전하게 통과한 공과 신체는 상대의 수비방해와 관계없이 실점으로 처리되며, 상대코트에 일부 침범된 신체로 인해 수비 방해 시 실점이다.

⑭ 허공에 진행 중인 공은 인플레이 상황으로 지면이나 타 물체에 닿기 전까지는 살아있는 공이다.

⑮ 경기의 적용규칙에 대한 질의는 주장만이 주심에게 할 수 있으며, 이의 신청은 경기 종료 후 감독이 6하 원칙에 의거 본부석에 제출하여야 한다. 접수된 이의소청은 스포츠공정위원회 결과에 따라 해당 심판, 선수, 집행부등에 강력한 신상필벌이 따른다.

⑯ 노카운트는 경기 중 천재지변이나 기타 장애물이 코트내로 유입되어 경기 중인 공에 닿거나, 경기가 속행될 수 없다고 판단될 시 또는 양 팀 동시 규칙위반 또는 판정 불가능 시 적용하며, 경기 시설물이나 용구의 이상으로 정상적인 경기가 이루어지지 않을 경우 적용한다.

⑰ 안테나외측통과는 수비 터치 후 안테나 외측으로 통과한 공을 바운드되기 전

다시 같은 측면의 안테나 외측으로 백코트하여 유효터치 이내에 네트 내측으로 넘길 시 인플레이이다.

⑱ 합의판정은 각 팀의 주장이 요청하며, 정당한 어필이나 주심의 독단적으로 판단이 어려울 경우 주·부심이 합의판정 한다. 주·부심의 합의는 최종 판정 (단, 방송경기 중 비디오판독이 있을 경우에는 비디오판독이 최종판정)이며, 합의판정은 세트 당 1회만 허용한다. 단, 합의판정을 신청해서 판정이 번복된 경우에는 합의판정 가능 횟수가 차감되지 않는다.<개정 2024.10.30>

⑲ 방송경기 중 비디오 판독요청은 해당 팀 감독이 요청하며, 한 세트 당 1회만 허용한다. 단, 판정이 번복된 경우에는 비디오 판독요청 가능 횟수가 차감되지 않는다.<개정 2024.10.30>

⑳ 주심이 내린 최종판정은 번복할 수 없다. 단 최종판정이 되기 전 정확한 판단이 어려울 경우 경기를 중단 시킨 다음 주·부심 합의로 최종판정을 한다. 본 절차를 거치지 않고 심판이 인정하는 오심은 징계의 처벌을 감수하며, 이에 이의신청은 받아들이지 않는다.<개정 2024.10.30>

㉑ 경기중단은 주심의 판단으로 경기를 중단시킬 필요성이 있을 때 적용한다.

㉒ 코트 교체는 세트 종료 시 실시한다.

제17조(경기 기록지) 경기 기록지는 서식1:일반용, 서식2:방송용으로 분류하며, 경기위원회에서 표준화하여 사용한다.

제18조(성적 산출법) ① 성적 산출순서는 1.승률, 2.세트득실, 3.점수득실, 4.승자승, 5.추첨 순으로 정한다.

② 성적 산출에서 실격패를 당한 팀의 성적은 0점으로 처리한다.

③ 본선대진표는 대한민국족구협회 홈페이지에 공지된 대진표를 사용한다.

제19조(안전사고) 경기 중 안전사고는 생활체육진흥법 제12조(보험 등 가입)에

따라 주최자 배상책임보험 또는 상해보험 중 가입하여야 하며, 장신구 착용으로 인한 부상 시 본인이 일체의 책임을 감수한다.

제20조(해설자) 협회 제규정과 경기규칙에 해박한 지식을 가지고, 논리 정연한 사람으로 대한민국족구협회에서 선정 위촉한다.

제5장 경기규칙

제21조(서브) ① 서브는 경기기록지에 기재된 순서에 따라 로테이션으로 실시한다.

② 경기 중 포지션 변경이 되어도 서브 순번은 변하지 않으며, 이는 경기 종료 시 까지 적용한다.

③ 선수교체 시 해당 선수의 서브 순번은 교체 선수에게 위임된다. 세트 시 선수교체의 경우도 동일하게 적용된다.

④ 로테이션 위반 시 서브 실점 처리한다.

⑤ 서브의 시작신호 전 서브 및 지연은 1차 주의이며, 2차부터는 실점 처리한다.

⑥ 주심의 서브 시작 신호 후 신체가 제한구역(엔드라인, 사이드라인, 후의 3m) 선에 닿거나 이탈시 실점이다.

⑦ 서브 행위는 공이 손에서 이탈하여 바운드되기 전 신체의 허용부위에서 떠나는 순간까지이며, 떠난 순간 해제된다.

⑧ 서브는 주심의 시작 신호 후 5초 이내에 실시하여야 하며, 시간 초과 시 실점이다.

⑨ 주심의 서브 시작 신호 전 서브하여 득점하면 노카운트이고, 실점은 그대로 실점 처리한다.

⑩ 주심 시작 신호 후 같은 팀 타 선수에게 공을 넘길시 실점이다.

⑪ 서브한 공이 네트를 맞고 넘어갈 경우 인플레이이며, 네트를 넘지 못할 시 실점이다.

⑫ 주심의 신호 후 바운드는 허용되나, 서브구역을 이탈하거나 바운드 후 서브 시는 실점이다.

⑬ 1세트에 서브를 선행한 팀이 3세트에도 실시하며, 2세트는 상대팀이 실시한다.

제22조(경기상태) ① 네트 터치는 공격, 수비에 관계없이 신체 및 신체에 부착된 어느 것이라도 안테나 내측 터치 시 실점이며, 신체에서 이탈되어 안테나 내측 터치 시에도 실점이다. 이때에는 부심이 즉시 휘슬을 불어 실점 처리한다.

② 투 터치는 허용된 부위를 연속으로 몸에 두 번 이상 닿거나 구르는 상황으로 실점이다.<개정 2024.10.30>

③ 오버 타임은 3번의 터치 후 공을 상대편으로 넘기지 못한 경우로 실점이다.

④ 홀딩은 공이 신체에 머물러 있는 경우로, 터치 형태가 아닌 들어 올리거나, 누르거나, 붙어있거나, 밀어서 터치하는 경우로 실점이다.

⑤ 공격 시 오버 네트는 공격, 수비에 관계없이 신체 및 신체에 부착된 어느 것이라도 네트 상단을 넘었을 시 실점이며, 신체에서 이탈하여 네트 상단을 넘었을 시에도 실점이다. 단 공은 일부가 넘는다 하여도 완전히 넘기 전에 터치하면 인플레이이다.

⑥ 바디 터치는 신체 중 허용된 부위(턱 이상 머리와 무릎미만 다리)가 아닌 부위에 터치 시 실점이다.

⑦ 터치아웃은 공격 팀의 공격이 상대 수비수 터치 후 코트 밖으로 바운드될 시 실점이다.

⑧ 아웃은 공격 팀의 공이 코트 밖으로 나가거나, 수비 팀의 진행 중인 공이 상대팀 코트 밖으로 바운드되는 경우, 네트 아래로 공이 완전히 통과 하는 경우, 3

회 터치 후 안테나 외측으로 통과 시 실점이다.

⑨ 안테나외측 통과 및 터치는 수비 측 터치 후 안테나 외측으로 진입하여 상대 코트에 바운드되거나, 상대코트로 선수가 진입 시 실점이다. 안테나에 신체나 공이 터치 시 실점이다. 또한 안테나 외측으로 통과된 공을 상대선수가 터치 시 상대팀의 실점이며, 수비방해 시에도 실점이다.

⑩ 경기 중 공이 허공에서 타 물체에 닿았을 경우 직전에 행위(터치 또는 바운드)를 한 팀이 실점이다.

제23조(주의) 다음 각 호에 해당하는 경우는 구두로 지적 시정하게 한다.

1. 공을 상대에게 차 넘기는 행위
2. 상대 공격 시 오버 또는 네트터치 등 공격을 저지하는 발언
3. 심판판정에 영향을 주는 아웃, 인 등을 표출하는 언행
4. 시작 신호 전 서브와 서브 지연 시
5. 선수 교체 지연 시(팀)

제24조(경고) 다음 각 호에 해당하는 경우는 경고로, 팀 경고는 감독에게, 부재 시 주장에게 주어진다.

1. 감정적으로 공을 밖으로 차 버리는 행위(선수)
2. 주장 이외의 선수, 임원이 질의나, 이의로 경기를 지연시키는 행위(팀)
3. 세트 교체 최대 3분 이상을 고의로 지연시키는 행위(팀)
4. 경기 중 식음 및 제공하는 행위(선수, 팀)
5. 대회 품위 손상 및 운용에 차질을 끼칠 수 있다고 판단되는 행위(선수, 감독, 팀)
6. 주의 2회 시(선수, 감독, 팀)
7. 주·부심 합의판정 후 질의 시(팀)

8. 세트 교체 시 주심에게 미통보 선수 교체(감독부재일 경우 팀 경고)

제25조(퇴장) 다음 각 호에 해당하는 경우는 퇴장으로 선수는 다음 한 경기에 출전 할 수 없으며, 해당 팀의 감독 승인 후 등록후보 중 교체하여 잔여경기를 진행한다.

1. 한 경기에서 2회 경고 시
2. 경기에 불응하거나, 경기 지연 시
3. 감정적 비신사적 행위 시
4. 폭언으로 경기에 지장을 초래 시

제26조(실격패) ① 경기 개시 후 5분 이내에 경기 복장 미 통일 시와 족구화 미착용 시

② 선수 4인 미 구성 또는 유지할 수 없는 경우

③ 출전 통보를 받고 5분 이내 미 출전 시

④ 판정 불복으로 5분 이상 경과한 경우

⑤ 경기에 상관없이 5분 이상 지연할 경우

⑥ 합의판정 후 항의로 인하여 경기진행이 불가능 할 경우

⑦ 한 경기 중 팀 경고 2회 시

⑧ 기타 대회품위를 손상 또는 격하시키는 행위

제27조(몰수패) ① 대회 기간 중 부정선수 적발 시 전 게임 몰수이며, 모든 경기기록과 경기결과는 삭제한다. 몰수패를 당한 상대팀의 경기결과에는 변함이 없으나, 부정선수에 대한 이의제기는 해당경기 종료 이전까지이며, 이후에는 할 수 없다.

② 대회의 전복 또는 태업을 조장하는 행위 시 전 경기 몰수

③ 폭행을 행위 한 팀

④ 의도적으로 승부를 조작하는 팀

⑤ 대회기간 중 선수 외 소속팀 관계자 등이 경기장 난입 및 폭언으로 경기진행을 불가능 하게 하는 팀

제6장 상 및 벌칙

제28조(상·벌) ① 대한민국족구협회 스포츠공정위원회 규정에서 정한대로 운영한다.

② 대회시상은 대회요강에 준한다.

제29조(이외의 규정/규칙) 본 규정과 규칙에 없는 항목은 해당 집행부의 결정에 따른다.

제30조(이의 소청) 이의소청은 이의 신청에 의거, 이의소청심사위원회 결정에 따른다. 이의소청심사위원회 의장은 스포츠공정위원장이 되며, 집행부, 심판, 선수 등이 참여하는 위원회를 구성 조치한다.

제7장 부 칙

제1조 본 규정은 이사회 심의 의결 후 총회에 보고한다.

제2조 본 규정의 개정, 추가, 삭제 등의 절차도 부칙 제1조와 같다.

제3조 본 규정은 이사회 심의 의결 및 총회에 보고한 후 2024년 1월 1일부로 제정 시행하며, 제10조 제3항과 제4항은 1년의 유예기간을 두어 2025년 1월 1일부로 시행한다.

제4조 본 규정은 이사회 심의 의결 및 총회에 보고한 후 2024년 1월 27일부로 개정 시행한다.

제5조 본 규정은 이사회 심의 의결 후 시행하며 총회에 보고한다. 2025년 1월 1일부로 시행한다.

[별지 제1호]

족구전용 실내 바닥재 규격서

제품명	족구전용 실내바닥재	재질	100% PVC
사진			
제원	· 총 두께 : 8.0mm · 무게 : 5.8kg/m2 · 충격 흡수 : EN 14808 기준 ≥25 30% · 수직 변형 : EN 14809 기준 ≤3.5 ≤2 mm · 슬라이딩 계수 : EN 13036 4 기준 80 110 · 볼 바운드 : EN 12235 기준 ≥90% · 마모저항 : EN ISO 기준 ≤1,000 ≤350mg · 충격저항 : EN 1517 기준 ≥8N/m · 압력저항 : EN 1516 기준 ≤0.5mm · 명도 : EN ISO 2831 기준 ≥30% · 회전부하저항 : EN 1560 기준 ≥1500 1500N		

[별지 제2호]

족구전용 실외 바닥재 규격서

제품명	족구전용 실외바닥재	재질	인조잔디
사진			
제원	<ul><li>구조 : 스포츠잔디 이중구조(녹색)</li><li>재질 : 바닥면 - 블랙, SBR코팅처리 / 표면 - PE</li><li>길이 : 35mm</li><li>보충재 : 환경부 인증 친환경 재료, 규사 20mm 이내</li><li>중금속 함량 : 카드뮴, 납, 수은, 크롬 등 허용기준 이하 　　　　　　　발암물질 0.1 이하(불검출)</li></ul>		

[별지 제3호]

족구 지주 보호대 규격서

제품명	족구 지주 보호대	제조국	대한민국
사진	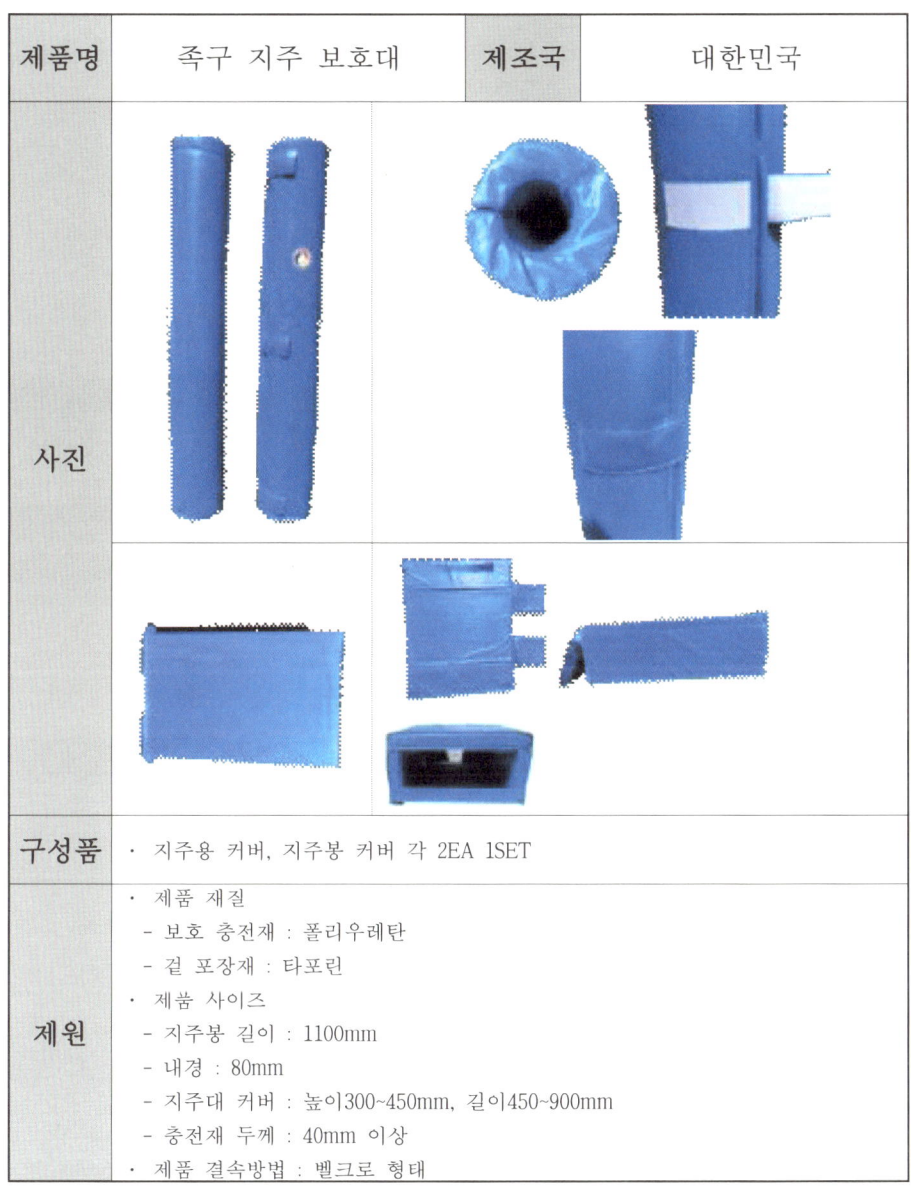		
구성품	• 지주용 커버, 지주봉 커버 각 2EA 1SET		
제원	• 제품 재질 　- 보호 충전재 : 폴리우레탄 　- 겉 포장재 : 타포린 • 제품 사이즈 　- 지주봉 길이 : 1100mm 　- 내경 : 80mm 　- 지주대 커버 : 높이300~450mm, 길이450~900mm 　- 충전재 두께 : 40mm 이상 • 제품 결속방법 : 벨크로 형태		

생활체육 족구 경기규칙

제정	2017. 1. 12.
개정	2018. 1. 27.
개정	2019. 2. 9.
전면개정	2020. 5. 30.
개정	2020. 7. 9.
개정	2021. 2. 6.
개정	2021. 3. 27.
개정	2021. 11. 13.
개정	2022. 1. 22.
개정	2022. 4. 30.
개정	2022. 9. 24.
개정	2022. 11. 30.
전면개정	2023. 12. 1.
개정	2024. 1. 13.
개정	2024. 10. 30.
개정	2025. 11. 3.

제1장 경 기

제1조(정의) ① 족구경기는 각기 4명씩으로 구성된 두 팀이 플레이를 하는 것이다. 각 팀의 목적은 발(무릎미만)과 머리(턱 이상)만을 이용해 공을 상대 팀의 코트로 넘겨 득점하거나, 상대 팀이 득점하려는 것을 막는데 있다.
② 경기는 한 세트 15점을 먼저 선취한 팀이 2세트를 먼저 취득하게 되면 승자가 된다.
③ 족구경기는 공인 심판과 공인 시설 및 용구에 의해 진행된다.

제2장 시설과 장비

제2조(경기장) ① 경기장은 바닥이 단단한 평면의 직사각형으로 코트와 자유지

역으로 구성된다. 자유지역에는 어떠한 장애물도 없어야 하며, 사이드라인 쪽은 5m(2코트 이상 시 코트와 코트간격 8m 이상), 엔드라인 쪽은 8m 이상을 이격하여야 한다.

② 실외 족구 전용경기장의 표면은 별지 제2호 서식과 같이 인조잔디와 천연고무재 매트만을 사용하며, 모든 표면은 협회의 승인을 받아야 한다.

③ 코트의 규격은 다음 각 호와 같다.

1. 사이드라인은 7.5m 씩 양 팀으로 전체 15m이며, 12세이하부는 6.5m로 전체 13m이다.
2. 엔드라인의 폭은 6.5m이다. 단 12세이하부는 5.5m이다.
3. 서브제한 구역은 사이드라인 연장선과 엔드라인 뒤쪽으로 3m이다.
4. 네트의 높이는 지면으로부터 105cm이며, 여자부와 12세이하부는 90cm이다.
5. 안테나의 높이는 지면으로부터 150cm이다.
6. 안테나는 사이드라인으로부터 21cm(공의 지름)를 이격 설치한다.
7. 선수교체 지역은 부심라인에서 중앙으로부터 2m이다.

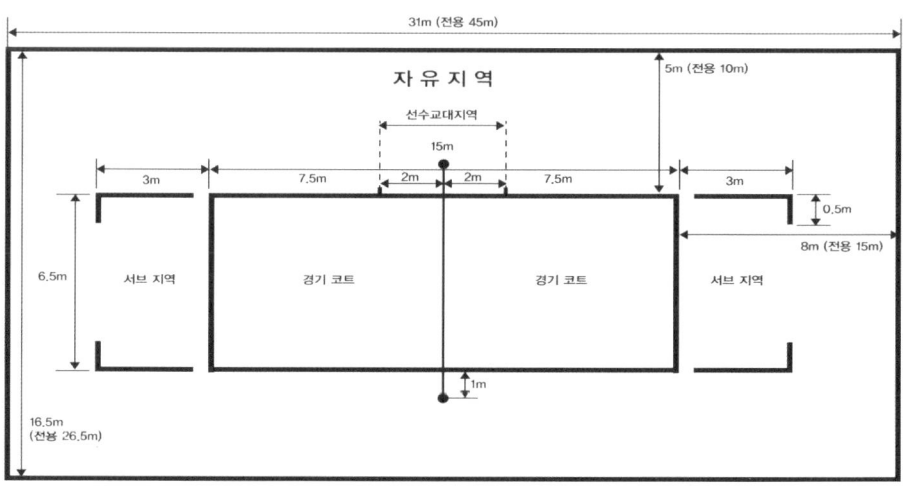

족구 경기장

제3조(네트) 네트의 길이는 7.5m, 폭 75cm로 네트플레이가 가능한 그물망(정방 10cm)이며, 상단의 수평 밴드는 너비가 5cm이다. 설치확인은 심판 및 주장이 점검 조정한다. 네트는 대한민국족구협회 공인규정에 의거 공인된 용품을 사용한다.<개정 2025.11.3.>

제4조(지주 및 보호대) 지주는 지름 6.0~7.5±2.5cm의 견고한 것으로 사이드라인으로부터 1m이상 이격하여 설치하되 안전을 위하여 별지 제3호에 의한 지주보호대를 부착하여야 한다. 지주 및 보호대는 대한민국족구협회 공인규정에 의거 공인된 용품을 사용한다.<개정 2025.11.3.>

제5조(안테나) 안테나는 사이드라인의 끝부분으로부터 21cm(공의 지름)간격을 두고 수직으로 네트에 견고히 설치하며, 네트 위 상단 부분은 잘 보이도록 빨간색과 흰색의 대조적 색상을 사용한다. 안테나는 대한민국족구협회 공인규정에 의거 공인된 용품을 사용한다.<개정 2025.11.3.>

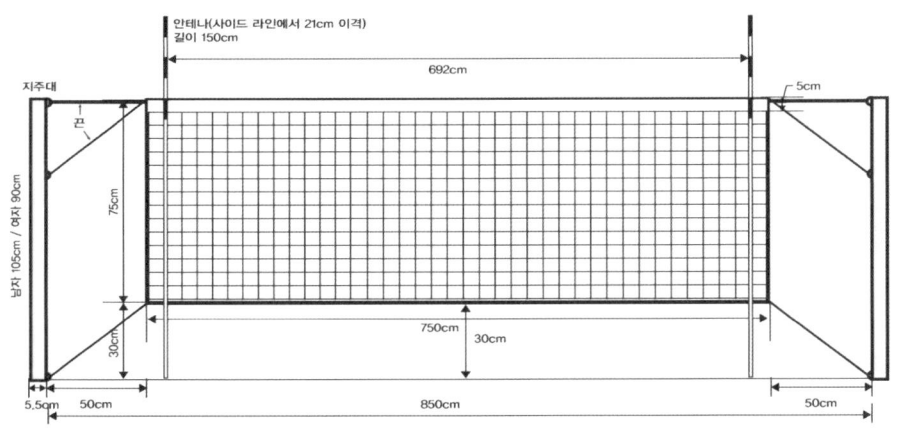

제6조(라인) 모든 라인은 5cm 폭으로 바닥과 다른 색상으로 구분되는 천 또는 테이프로 한다.

제7조(공) 공은 대한민국족구협회 공인규정에 의거 공인된 용품을 사용한다.<개정 2025.11.3.>

① 규격은 12조각 이내로 무게는 330~360g, 공기압은 0.45bar±0.01bar(구장의 조건에 따라 ±10%추가)이며, 공의 반발높이는 20℃에서 100~125cm, 5℃에서 90~110cm 이내(KISS 시험기준에 따라 5cm 이상의 강철재 바닥 기준 2m 높이에서 수직으로 자유낙하)의 반발이 되고, 크기는 지름 200~205mm이다. 단, 12세이하부는 290±10g 이며, 규격은 같다.

② 대회사용구는 대한민국족구협회에서 주최·주관하는 공식대회 시 공인규정에 의거 대회사용구로 지정된 공을 사용한다.<개정 2025.11.3.>

제8조(족구화) 족구화는 대한민국족구협회 기술위원회 규정에 의거 심의 인정한 것이어야 하며, 개조되지 않은 일체형 제품이어야 한다.

① 규격은 가죽이나, 인조가죽으로 튼튼한 재질이어야 하며, 바닥은 염료를 사용하지 않은 고무나 합성고무로 요철의 형태는 자유롭게 적용하되 요와 요의 간격은 5mm 이내여야 하고, 요와 철의 높이는 3mm 이내로 한다.

② 가죽이나 인조가죽의 상부표피 돌출부위는 2mm 이내로 하며, 바닥 모서리는 선수의 부상과 전용바닥재 손상을 예방하기 위해 둥글게 처리한다.

③ 족구화는 대회의 품위, 전용 바닥재 손상여부, 선수 안전등을 고려하여 족구화라고 지정한 신발로 제한한다.

제9조(복장) ① 선수의 복장은 상의, 반바지, 양말 그리고 족구화로 구성된다.

② 선수의 경기복장은 팀별로 동일해야 하며, 하의는 반바지로 하고, 상의는 긴팔과 반팔을 구분하여 동일해야 한다.

③ 번호는 상의 색상과 대비가 되는 밝은 색으로 앞면은 5cm이상 인식이 가능한 위치에 자유롭게 표기하며, 뒷면은 중앙에 15cm이상의 크기로 위치해야 한

다. 뒷면 번호의 최소 굵기는 2cm가 되어야 한다.<개정 2024.1.13.>

④ 선수의 경기복 번호는 1~999번까지 사용 할 수 있다.

⑤ 주장은 경기 시작 전 주장 띠를 좌측 팔에 필히 착용하여야 한다.

⑥ 타이즈 착용 및 밀착형 무릎보호대는 허용한다.

⑦ 두건의 두께는 1mm이하, 머리띠는 넓이 5cm이내 두께는 3mm이하의 규격을 허용하되, 모자 착용은 금한다.

⑧ 안구보호대 착용은 허용한다.

⑨ 기타 선수에게 부상을 입히거나 인위적인 이점을 줄 수 있는 물품을 착용하는 것은 금지된다.

⑩ 실외경기시 섭씨 10℃ 이하는 선수 방한을 위해 통일된 상의를 착용하여 경기할 수 있다.<개정 2023.12.1.>

제3장 팀 구성

제10조(팀 구성 및 선수 등록) ① 한 팀은 감독, 선수를 포함하여 최대 8명으로 구성하며, 선수의 동일한 등번호 사용은 금지한다.

② 전국대회 이상 및 타 시·도 대회에 출전 할 때는 소속 시·도협회 사무국의 승인을 받아야 한다.

③ 세부사항은 부별 관리규정으로 정하여 운영한다. 단, 대한민국족구협회 산하 17개 시·도협회에 등록된 선수 및 팀은 협회의 경기규칙 및 제 규정을 준수하지 않는 타 족구 단체의 행사(대회)에 참여시 제재를 감수 하여야 하며, 심판은 자격을 취소한다.

④ 팀 및 선수가 대회에 참가신청 시 부별 경기 일차가 다를 경우는 중복 참가 신청이 가능하다.

제11조(감독) ① 감독의 복장은 단정하여야 하며 규정준수, 팀의 소속감 고취, 행사참여, 정신교육의 책임을 가지며 대회 집행부 및 심판진의 불합리한 진행이 야기될 시 경기 종료 후 대회 집행부에 이의 신청, 경기 시 작전타임, 선수교체의 권한을 갖는다.(부심에게 신청)<개정 2025.11.3.>

② 감독은 참가 신청서에 명시된 자만이 수행할 수 있으며, 경기 시작 전 해당 코트에 위치하여야 한다. 어떠한 경우라도 선수가 감독대행을 할 수 없다.

③ 모든 부서의 감독은 반드시 지도자 자격을 취득한 사람으로 협회의 경기인등록시스템에 등록된 사람만이 감독으로 등록 할 수 있다. 또한 모든 지도자는 협회에 등록 후 발급받은 자격증을 패용하여야 하며, 신분확인 요청시 경기인등록시스템의 실시간 자격정보로 확인할 수 있다.<개정 2024.10.30.>

④ 감독은 선수로 등록 할 수 없다. 단, 경기 일차가 다른 타 부서의 경우는 선수로 등록할 수 있다.

⑤ 감독은 경기 시작 전 팀의 선수에 대해 우수비부터 시계방향으로 서브순번과 등번호를 부심에게 제출하여야 한다.<개정 2023.12.1.><개정 2025.11.3.>

제12조(주장) ① 각 팀은 주장을 선임하여야 하며, 주장 띠 미착용 시 심판판정에 대한 질의 및 기타 요구를 할 수 없다.

② 주장은 경기장, 공의 점검, 상대 팀 선수확인, 애매한 판정에 대한 질의 및 규칙 적용에 대한 해석요구, 복장교환, 환자 발생 시 휴식 등의 요구를 주심에게 할 수 있다.<개정 2025.11.3.>

③ 주장의 요구를 주심의 판단에 따라 반려 또는 승인할 수 있다.

④ 주장이 교체 시 주장띠는 주선 선수 중에 인계하여야 한다.

제13조(선수) ① 팀 선수는 경기 전 최소 4명을 구성해야 한다.

② 경기 시작 전 또는 경기 중 4명의 선수 미달일 경우 실격패 처리한다.

③ 심판이 신분확인을 요청할 경우에는 반드시 응해야 한다.

④ 규칙을 준수하고, 상대 팀에게도 정중한 자세를 취해야 한다.

제14조(배번) 배번은 자유롭게 하고, 경기진행 후 변경은 불가하며, 대회 시작 30분 전까지 출전선수의 확인을 받는다.

제4장 경기방식

제15조(득·실점) ① 득점은 상대편 코트에 공이 정상적으로 성공하거나 상대 팀이 반칙 또는 벌칙을 받는 경우이며, 득점에 반하여 상대 팀은 실점이 된다.

② 득점의 행위가 종료 후 동작이 연결되어 규칙을 위반할 경우 시간차상 득점이 우선하면 득점으로 인정되며, 규칙위반이 우선하면 실점이다.

제16조(경기진행) ① 경기는 받기(리시브), 띄우기(토스), 차기(킥), 주기(서브)로 이루어진다.

② 사이드라인과 엔드라인의 어느 부분이라도 공의 터치 시는 인플레이이다.

③ 경기시작 전 선수의 위치는 서브로테이션 순번으로 시작 후 포지션에 관계없이 자유롭게 위치한다.<개정 2025.11.3.>

④ 모든 경기는 3세트를 원칙으로 한다. 단, 대회의 장이 여건을 고려하여 증·감할 수 있다.

⑤ 세트 점수는 15점으로 듀스 시 2점을 먼저 선취한 팀이 승이며, 상한 점수는 19점이다. 최종세트는 8점을 선취한 경우 코트를 교체한다. 단, 최종세트 경기 중 코트교체 시점 8점을 초과하였을 시는 확인된 상황에서 코트를 교체한다.

⑥ 점수는 공격과 수비에 관계 없이 교차점수를 적용한다.

⑦ 작전시간은 해당 팀 감독의 요청으로 주심의 승인이 있어야 하며, 1세트 1회 1분 이내로 실시한다.

⑧ 선수의 교체는 해당 팀 감독의 요청으로 주심이 다음 각 호의 기준에 의하여 승인한다.
  1. 선수명단에 게재된 선수 중에 매 세트 당 3명 이내에 자유롭게 교체할 수 있다.
  2. 어떠한 경우라도 감독의 부재시에는 선수교체가 불가능하며, 다음 세트가 시작 시 출전한 선수는 교체로 보지 않는다. 단, 주심에게 반드시 통보하여야 한다.
  3. 다음 세트 시작 시 주심에게 미 통보 출전 선수
     - 감독이 있을 경우 : 선수교체로 본다.
     - 감독이 없을 경우 : 팀 경고
  4. 경기 중 환자 발생 시 경기당 선수별 3분 이내 2회에 한하여 휴식을 부여 할 수 있으나, 3분 후 해당세트에 4명의 선수 미구성 시 실격처리한다.
  5. 주심의 교체 승인 후 5초 이내에 이루어져야 하며, 지연 시 팀 주의다.
⑨ 신체의 허용부위는 무릎미만의 다리와 턱 이상의 머리만을 사용한다.
⑩ 코트플레이는 3바운드 3터치 이내에 자유롭게 할 수 있으며, 서브나 공격을 가로막기(허용부위는 제9항과 같다)를 할 수 있고, 바운드 후 네트 상단에 위치한 공은 공격 측에 우선권을 부여한다.(수비 측 터치 시 실점)
⑪ 바운드와 선수의 공 터치는 각 1회씩 3회 이내에만 허용한다.(33원칙) 다만 방송중계 등 이벤트 경기에는 집행부에서 별도 운영 할 수 있다.
⑫ 네트플레이는 허용되며, 신체를 제외한 네트에서 발생하는 모든 상황은 인플레이이다. 나만 안테나를 기준으로 내측만이 네트이며, 이외는 타 불체이다.
⑬ 네트 하단으로 완전하게 통과한 공과 신체는 상대의 수비방해와 관계없이 실점으로 처리되며, 상대코트에 일부 침범된 신체로 인해 수비 방해 시 실점이다.

⑭ 허공에 진행 중인 공은 인플레이 상황으로 지면이나 타 물체에 닿기 전까지는 살아있는 공이다.

⑮ 경기의 적용규칙에 대한 질의는 주장만이 주심에게 할 수 있으며, 이의 신청은 경기 종료 후 감독이 6하원칙에 의거 본부석에 제출하여야 한다. 접수된 이의소청은 스포츠공정위원회 결과에 따라 해당 심판, 선수, 집행부 등에 강력한 신상필벌이 따른다.(각 시·도협회 및 해당자에게 통보, 홈페이지 게재)

⑯ 노카운트는 경기 중 천재지변이나 기타 장애물이 코트 내로 유입되어 경기중인 공에 닿거나, 경기가 속행될 수 없다고 판단될 시 또는 양 팀 동시 규칙위반 또는 판정 불가능 시 적용하며, 경기 시설물이나 용구의 이상으로 정상적인 경기가 이루어지지 않을 경우 적용한다.

⑰ 안테나 외측 통과는 수비 터치 후 안테나 외측으로 통과한 공을 바운드되기 전 다시 같은 측면의 안테나 외측으로 백코트하여 유효터치 이내에 네트 내측으로 넘길 시 인플레이이다.

⑱ 합의판정은 각 팀의 주장이 요청하며, 정당한 어필이나 주심의 독단적으로 판단이 어려울 경우 주·부심이 합의판정 한다. 단, 비디오 판독이 있을 경우에는 주·부심 합의판정은 할 수 없다. 주·부심의 합의는 최종판정(단, 방송 경기중 비디오판독이 있을 경우에는 비디오판독이 최종판정)이며, 합의판정은 세트당 1회만 허용한다. 단, 합의판정을 신청해서 판정이 번복된 경우에는 합의판정 가능 횟수가 차감되지 않는다. 합의판정 이후에는 팀에서 어떠한 이의제기도 할 수 없다.<개정 2024.10.30.><개정 2025.11.3.>

⑲ 방송경기 중 비디오 판독요청은 해당 팀 감독이 요청하며, 한세트 당 1회만 허용한다. 단, 판정이 번복된 경우에는 비디오 판독요청 가능 횟수가 차감되지 않는다.<개정 2024.10.30.>

⑳ 주심이 내린 최종판정은 번복할 수 없다. 단 최종판정이 되기 전 정확한 판단이 어려울 경우 경기를 중단시킨 다음 주·부심 합의 또는 비디오판독으로 최종판정을 한다. 본 절차를 거치지 않고 심판이 인정하는 오심은 징계의 처벌을 감수하며, 이에 이의신청은 받아들이지 않는다.<개정 2024.10.30.>

㉑ 경기중단은 주심의 판단으로 경기를 중단시킬 필요성이 있을 때 적용한다.

㉒ 코트 교체는 세트 종료 시 실시한다.

㉓ 우천상황은 사용하는 경기장의 과반수 이상 코트 면이 바운드가 형성 되지 않을 시를 말한다. 우천상황이라도 경기의 진행은 실시하며, 기상 악화시는 별도 대표자 회의로 결정한다.

제17조(경기 기록지) 스코어링 시스템을 사용한다.<개정 2025.11.3.>

제18조(성적 산출법) ① 성적 산출순서는 1.승률, 2.세트득실, 3.점수득실, 4.승자승, 5.추첨 순으로 정한다.

② 성적 산출에서 실격패를 당한 팀의 성적은 0점으로 처리한다.

③ 본선 대진표는 대한민국족구협회 홈페이지에 공지된 대진표를 사용한다.

제19조(안전사고) 경기 중 안전사고는 생활체육진흥법 제12조(보험 등 가입)에 따라 주최자 배상책임보험 또는 상해보험 중 가입하여야 하며, 장신구 착용으로 인한 부상 시 본인이 일체의 책임을 감수한다.

제20조(해설자) 협회 제규정과 경기규칙에 해박한 지식을 가지고, 논리 정연한 사람으로 대한민국족구협회에서 선정 위촉한다.

제5장 경기규칙

제21조(서브) ① 서브는 경기기록지에 기재된 순서에 따라 로테이션으로 실시한다.

② 경기 중 포지션 변경이 되어도 서브 순번은 변하지 않으며, 이는 경기 종료 시까지 적용한다.

③ 선수교체 시 해당 선수의 서브 순번은 교체 선수에게 위임된다. 세트 시 선수교체의 경우도 동일하게 적용된다.

④ 로테이션 위반 시 서브 실점 처리한다.

⑤ 서브의 시작신호 전 서브 및 지연은 1차 주의이며, 2차부터는 실점 처리한다.

⑥ 주심의 서브 시작 신호 후 신체가 제한구역(엔드라인, 사이드라인, 후의 3m) 선에 닿거나 이탈 시 실점이다.

⑦ 서브 행위는 공이 손에서 이탈하여 바운드되기 전 신체의 허용부위에서 떠나는 순간까지이며, 떠난 순간 해제된다.

⑧ 서브는 주심의 시작 신호 후 5초 이내에 실시하여야 하며, 시간 초과 시 실점이다.

⑨ 주심의 서브 시작 신호 전 서브하여 득점하면 노카운트이고, 실점은 그대로 실점 처리한다.

⑩ 주심 시작 신호 후 같은 팀 타 선수에게 공을 넘길시 실점이다.

⑪ 서브한 공이 네트를 맞고 넘어갈 경우 인플레이이며, 네트를 넘지 못할 시 실점이다.

⑫ 주심의 신호 후 바운드는 허용되나, 서브구역을 이탈하거나 바운드 후 서브 시는 실점이다.

⑬ 1세트에 서브를 선행한 팀이 3세트에도 실시하며, 2세트는 상대팀이 실시한다.

제22조(경기상태) ① 네트 터치는 공격, 수비에 관계 없이 신체 및 신체에 부착된 어느 것이라도 안테나 내측 터치 시 실점이며, 신체에서 이탈되어 안테나 내측 터치 시에도 실점이다. 이때에는 부심이 즉시 휘슬을 불어 실점 처리한다.

② 투 터치는 허용된 부위를 연속으로 몸에 두 번 이상 닿거나 구르는 상황으로 실점이다.<개정 2024.10.30.>

③ 오버타임은 3번의 터치 후 공을 상대편으로 넘기지 못한 경우로 실점이다.

④ 홀딩은 공이 신체에 머물러 있는 경우로, 터치 형태가 아닌 들어 올리거나, 누르거나, 붙어있거나, 밀어서 터치하는 경우로 실점이다.

⑤ 오버 네트는 공격, 수비에 관계 없이 신체 및 신체에 부착된 어느 것이라도 네트 상단을 넘었을 시 실점이며, 신체에서 이탈하여 네트 상단을 넘었을 시에도 실점이다. 단 공은 일부가 넘는다 하여도 완전히 넘기 전에 터치하면 인플레이이다.

⑥ 바디 터치는 신체 중 허용된 부위(턱 이상 머리와 무릎 미만 다리)가 아닌 부위에 터치 시 실점이다.

⑦ 터치아웃은 공격 팀의 공격이 상대 수비수 터치 후 코트 밖으로 바운드될 시 실점이다.

⑧ 아웃은 공격 팀의 공이 코트 밖으로 나가거나, 수비 팀의 진행 중인 공이 상대팀 코트 밖으로 바운드되는 경우, 네트 아래로 공이 완전히 통과 하는 경우, 3회 터치 후 안테나 외측으로 통과 시 실점이다.

⑨ 안테나 외측 통과 및 터치는 수비 측 터치 후 안테나 외측으로 진입하여 상대코트에 바운드 되거나, 상대코트로 선수가 진입 시 실점이다. 안테나에 신체나 공이 터치 시 실점이다. 또한 안테나 외측으로 통과된 공을 상대선수가 터치 시 상대팀의 실점이며, 수비방해 시에도 실점이다.

⑩ 경기 중 공이 허공에서 타 물체에 닿았을 경우 식선에 행위(터치 또는 바운드)를 한 팀이 실점이다.

제23조(주의) 다음 각 호에 해당하는 경우는 구두로 지적 시정하게 한다.

1. 공을 상대에게 차 넘기는 행위

2. 상대 공격 시 오버 또는 네트터치 등 공격을 저지하는 발언

3. 심판판정에 영향을 주는 아웃, 인 등을 표출하는 언행

4. 시작 신호 전 서브와 서브 지연 시(팀)<개정 2025.11.3.>

5. 선수 교체 지연 시(팀)

6. 경기 중 식음료 등을 제공하는 행위(선수, 팀)<개정 2025.11.3.>

7. 주·부심 합의판정 후 질의 시(팀)<개정 2025.11.3.>

제24조(경고) 다음 각 호에 해당하는 경우는 경고로, 팀 경고는 감독에게, 부재 시 주장에게 주어진다.

1. 감정적으로 공을 밖으로 차 버리는 행위(선수)

2. 주장 이외의 선수, 팀 관계자의 질의나, 이의로 경기를 지연시키는 행위(팀)<개정 2025.11.3.>

3. 세트 교체 최대 3분 이상을 고의로 지연시키는 행위(팀)

4. <삭제 2025.11.3.>

5. 대회 품위 손상 및 운용에 차질을 끼칠 수 있다고 판단되는 행위(선수, 감독, 팀)

6. 주의 2회 시(선수, 감독, 팀)

7. <삭제 2025.11.3.>

8. 세트 교체 시 주심에게 미통보 선수 교체(감독부재일 경우 팀 경고)

제25조(퇴장) 다음 각 호에 해당하는 경우는 퇴장으로 선수는 다음 한 경기에 출전 할 수 없으며, 해당 팀의 감독 승인 후 등록후보 중 교체하여 잔여경기를 진행한다.

1. 한 경기에서 2회 경고 시

2. 경기에 불응하거나, 경기 지연 시

3. 감정적 비신사적 행위 시

4. 폭언으로 경기에 지장을 초래 시

제26조(실격패) ① 경기 개시 후 5분 이내에 경기 복장 미 통일 시와 족구화 미착용 시

② 선수 4인 미 구성 또는 유지할 수 없는 경우

③ 출전 통보를 받고 5분 이내 미 출전 시

④ 판정 불복으로 5분 이상 경과한 경우

⑤ 경기에 상관없이 5분 이상 지연할 경우

⑥ 합의판정 후 항의로 인하여 경기진행이 불가능 할 경우

⑦ 한 경기 중 팀 경고 2회 시

⑧ 기타 대회품위를 손상 또는 격하시키는 행위

제27조(몰수패) ① 대회 기간 중 부정선수 적발 시 전 게임 몰수이며, 모든 경기기록과 경기결과는 삭제한다. 몰수패를 당한 상대팀의 경기결과에는 변함이 없으나, 부정선수에 대한 이의제기는 해당경기 종료 이전까지이며, 이후에는 할 수 없다.

② 대회의 전복 또는 태업을 조장하는 행위 시 전 경기 몰수

③ 폭행을 행위 한 팀

④ 의도적으로 승부를 조작하는 팀

⑤ 대회기간 중 선수 외 소속팀 관계자 등이 경기장 난입 및 폭언으로 경기진행을 불가능하게 하는 팀

제6장 상 및 벌칙

제28조(상·벌) ① 대한민국족구협회 스포츠공정위원회 규정에서 정한대로 운영한다.

② 대회시상은 대회요강에 준한다.

제29조(이외의 규정/규칙) 본 규정과 규칙에 없는 항목은 해당 집행부의 결정에 따른다.

제30조(이의 소청) 이의소청은 이의 신청에 의거, 이의소청심사위원회 결정에 따른다. 이의소청심사위원회 의장은 스포츠공정위원장이 되며, 집행부, 심판, 선수 등이 참여하는 위원회를 구성 조치한다.

제7장 부 칙

제1조 본 규정은 이사회 심의 의결 후 총회에 보고한다.

제2조 본 규정의 개정, 추가, 삭제 등의 절차도 부칙 제1조와 같다.

제3조 본 규정은 2017년 1월 12일부터 시행한다.

제4조 본 규정은 2018년 1월 27일부로 개정 시행한다.

제5조 본 규정은 2019년 2월 9일부로 개정 시행한다.

제6조 본 규정은 이사회 심의 의결 후 시행하며 총회에 보고한다. 2020년 5월 30일부로 개정 시행한다.

제7조 본 규정은 이사회 심의 의결 후 시행하며 총회에 보고한다. 2020년 7월 9일부로 개정 시행한다.

제8조 본 규정은 이사회 심의 의결 후 시행하며 총회에 보고한다. 2021년 2월 6일부로 개정 시행한다.

제9조 본 규정은 이사회 심의 의결 후 시행하며 총회에 보고한다. 2021년 3월

27일부로 개정 시행한다.

제10조 본 규정은 이사회 심의 의결 후 시행하며 총회에 보고한다. 2021년 11월 13일부로 개정 시행한다.

제11조 본 규정은 이사회 심의 의결 후 시행하며 총회에 보고한다. 2022년 1월 22일부로 개정 시행한다.

제12조 본 규정은 이사회 심의 의결 후 시행하며 총회에 보고한다. 2022년 4월 30일부로 개정 시행한다.

제13조 본 규정은 이사회 심의 의결 후 시행하며 총회에 보고한다. 2022년 9월 24일부로 개정 시행한다.

제14조 본 규정은 이사회 심의 의결 후 시행하며 총회에 보고한다. 2022년 11월 30일부로 개정 시행한다.

제15조 본 규정은 이사회 심의 의결 후 시행하며 총회에 보고한다. 2024년 1월 1일부로 개정 시행하며, 제9조제3항과 제4항은 1년의 유예기간을 두어 2025년 1월 1일부로 시행한다.

제16조 본 규정은 이사회 심의 의결 후 시행하며 총회에 보고한다. 2024년 1월 27일부로 시행한다.

제17조 본 규정은 이사회 심의 의결 후 시행하며 총회에 보고한다. 2025년 1월 1일부로 시행한다.

부   칙(2025.11.3.)

제1조(시행일) 본 규정은 이사회 심의 의결 후 시행하며 총회에 보고한다. 2026년 1월 1일부로 시행한다. 단, 제4조(지주 및 보호대)는 시도 및 시군구 협회 계도기간을 거쳐 2027년 1월 1일부로 전면 시행한다.

[별지 제1호]<개정 2025.11.3.>

족구전용 실내 바닥재 규격서

제품명	족구전용 실내바닥재	재질	100% PVC
사진			
제원	・ 총 두께 : 7.0mm±1mm ・ 무게 : 5~7kg/m2 ・ 충격 흡수 : EN 14808 기준 ≥25 30% ・ 수직 변형 : EN 14809 기준 ≤3.5 ≤2 mm ・ 슬라이딩 계수 : EN 13036 4 기준 80 110 ・ 볼 바운드 : EN 12235 기준 ≥90% ・ 마모저항 : EN ISO 기준 ≤1,000 ≤350mg ・ 충격저항 : EN 1517 기준 ≥8N/m ・ 압력저항 : EN 1516 기준 ≤0.5mm ・ 명도 : EN ISO 2831 기준 ≥30% ・ 회전부하저항 : EN 1560 기준 ≥1500 1500N		

[별지 제2호]

족구전용 실외 바닥재 규격서

제품명	족구전용 실외바닥재	재질	인조잔디
사진			
제원	<ul><li>구조 : 스포츠잔디 이중구조(녹색)</li><li>재질 : 바닥면 - 블랙, SBR코팅처리 / 표면 - PE</li><li>길이 : 35mm</li><li>보충재 : 환경부 인증 친환경 재료, 규사 20mm 이내</li><li>중금속 함량 : 카드뮴, 납, 수은, 크롬 등 허용기준 이하 발암물질 0.1 이하(불검출)</li></ul>		

[별지 제3호]<개정 2025.11.3.>

족구 지주 보호대 규격서

제품명	족구 지주 보호대	제조국	대한민국
사진			
구성품	• 지주용 커버, 지주봉 커버 각 2EA 1SET		
제원	• 제품 재질 - 보호 충전재 : 폴리우레탄 - 겉 포장재 : 타포린 • 제품 사이즈 - 지주봉 길이 : 1100mm - 내경 : 60mm이상 - 지주대 커버 : 높이150~450mm, 길이450~990mm - 충전재 두께 : 35mm 이상 • 제품 결속방법 : 벨크로 형태		

심판위원회규정

제정	2017. 2. 25.	
개정	2018. 1. 19.	
개정	2017. 4. 23.	
개정	2019. 10. 19.	
개정	2020. 1. 11.	
개정	2021. 8. 2.	
개정	2022. 1. 22.	
개정	2022. 4. 30.	
개정	2023. 4. 26.	
개정	2023. 11. 15.	
개정	2024. 8. 8.	
개정	2025. 3. 24.	

제 1 장 총칙

제 1 조(근거 및 명칭) 대한민국족구협회(이하 "협회"라 한다) 정관 제37조제1항 규정에 따라 설치·운영하며, 그 명칭은 심판위원회(이하 "위원회"라 한다)라 칭한다. <개정 2022.1.22.>

제 2 조(심판위원회 설치 목적) 위원회는 심판이 스포츠의 기본 정신과 책임감을 갖고 경기규칙에 따라 공정하게 직무를 수행할 수 있도록 심판의 독립성 및 자율성, 심판으로서의 역할, 임무, 의무 등에 관한 사항을 대해 자문하여 경기진행의 공정성을 높이는 데 그 목적을 둔다. <개정 2019.10.19.><개정 2022.1.22.>

제 3 조(적용범위) ① 이 규정은 협회에서 자격 취득한 등록 심판을 대상으로 적용한다. <개정 2019.10.19.>

② 위원회는 이 규정에 따라 필요한 사항을 포함하여 협회 이사회 승인을 받아 '심

판위원회 규정'을 정하여 운영 할 수 있다.<개정 2019.10.19.><개정 2022.1.22.>

③ 이 규정과 협회의 규정이 상이할 경우 이 규정을 우선 적용한다.<개정 2019.10.19.>

④ 위원회의 구성 및 회의에 관한 사항은 정관 및 이 규정에서 특별히 정한 경우를 제외하고는 체육회 '자문위원회의 설치 및 운영에 관한 규정'에 따른다. 신설 2019.10.19.>

제 4 조(위원회의 기능) ① 위원회는 다음 각 호의 사항을 심의한다.<개정 2019.10.19.><개정 2022.1.22.><개정 2025.3.24.>

1. 심판이 경기 규칙에 따라 공정하게 직무를 수행할 수 있도록 심판의 독립성과 자율성 보장 방법에 관한 사항<개정 2022.1.22.>

2. 심판의 권익 보호·증진에 관한 사항

3. 심판아카데미(양성 및 심화교육과정)에 관한 사항<개정 2020.1.11.>

4. 심판 등록 및 관리에 관한 사항

5. 심판 평가에 관한 사항

6. 그밖에 위원회의 설치 목적을 달성하기 위해 필요한 사항<개정 2019.10.19.><개정 2022.1.22.>

② 위원회는 심판들의 활동시 관련 규정준수에 대해 현장점검을 할 수 있으며, 현장을 점검 후 보고서를 협회에 제출하여야 한다.<신설 2025.3.24.>

제 2 장 위원회 구성 및 회의

제 5 조(구성) ① 위원회는 다음 각 호의 위원으로 구성한다.<개정 2022.1.22.><개정 2023.4.26.>

1. 위원장 1명

2. 부위원장 4명 이하

3. 위원 7명 이상 15명 이하(위원장, 부위원장 포함) 〈개정 2019.10.19.〉

② 위원회 위원 구성 시 다음 각 호에 따른다.

1. 정관 제26조에 따라 협회 임원의 결격사유에 해당하는 사람은 위원이 될 수 없다.

2. 동일 대학출신자 및 재직자가 재적위원수의 20%를 초과할 수 없다.

3. 경기인(선수, 지도자, 심판, 선수관리담당자) 출신자가 재적위원수의 50% 이상 포함되어야 한다.〈개정 2022.1.22.〉

4. 지도자로 재직 중인 사람은 위원이 될 수 없다.

5. 여성이 재적 위원수의 20% 이상 포함되도록 노력하여야 한다. 〈신설 2019.10.19.〉

③ 위원회에 간사 1명을 두며, 회장이 협회 직원 중에서 지명한다. 〈개정 2019.10.19.〉

④ 위원회는 위원회의 효율적 운영과 전문성을 높이기 위하여 산하에 소운영위원회를 둘 수 있다.〈개정 2022.1.22.〉

⑤ 협회 심판위원회는 대회 기간에 심판의 제척·기피·회피 등을 다루기 위해 대회 개최 전까지 경기운영에 관한 권한과 책임이 있는 자(심판위원 포함)로 구성된 3인 이상의 소위원회를 구성할 수 있으며, 소위원회의 결정은 심판위원회의 결정으로 본다. 〈신설 2023.11.15.〉

제 6 조(위원의 위촉) ① 위원장과 위원은 회장이 위촉하고 부위원장은 위원 중 호선하되, 위원장 임명은 이사회의 동의를 받아야 한다. 〈개정 2019.10.19.〉〈개정 2022.1.22.〉

제 7 조(위원의 직무) ① 위원장은 위원회를 대표하고 그 업무를 총괄한다

② 부위원상은 위원장을 보좌하고 위원장이 부늑이한 사유로 직무를 수행할 수 없을 경우에는 부위원장 중 연장자 순으로 그 직무를 대행한다.

③ 위원은 위원회를 구성하고 위원회에 출석하여 그 직무에 관한 사항을 심의한다. 〈개정 2019.10.19.〉

제8조(위원의 임기) ① 위원의 임기는 2년으로 하되, 일수를 기준으로 하지 않고 협회 정기총회를 기준으로 하며, 이 경우 임기만료일은 정기총회일 전날이다. 〈개정 2019.10.19〉

② 보선된 위원의 임기는 전임자의 잔임 기간으로 한다.<개정 2022.1.22.>

제9조(위원의 해촉) 회장은 다음 각 호의 경우에 위원을 해촉할 수 있다. 다만, 제5호와 제6호에 해당하는 경우에는 해촉 하여야 한다.<개정 2019.10.19.><개정 2022.1.22.>

1. 위원 스스로 직무를 수행하는 것이 곤란하다고 의사를 밝히는 경우
2. 직무와 관련된 비위사실이 있는 경우
3. 제13조의2에 따른 의무사항을 지키지 않은 경우<신설 2019.10.19.><개정 2022.1.22.>
4. 직무태만, 품위손상이나 질병 등 그 밖의 사유로 인하여 위원으로 적합하지 아니하다고 인정되는 경우
5. 제13조에 해당하는 데에도 불구하고 회피하지 아니한 경우
6. 위원이 희망하여 사임서를 제출한 경우

제10조(회의소집) 회장 또는 위원장이 필요에 따라 위원회를 소집한다.

제11조(의사정족수 등) 위원회 회의는 재적위원의 과반수 출석으로 개회하고, 출석위원의 과반수 찬성으로 의결한다.<개정 2019.10.19.><개정 2022.1.22.>

제12조(긴급한 업무처리) 위원회가 심의할 사안 중 그 내용이 경미하거나 긴급하다고 인정될 때에는 서면결의로 위원회의 의결을 대신할 수 있다. 다만, 위원 과반수가 정식으로 위원회에 회부할 것을 요구할 때에는 이에 따라야 한다.<개정 2019.10.19.><개정 2022.1.22.>

제13조(위원의 제척 및 회피) ① 위원은 다음 각 호의 경우 그 위원회 회의의 심의에 참여할 수 없다.<개정 2019.10.19.><개정 2022.1.22.>

1. 위원 본인, 배우자 또는 직계존비속이 체육회가 행하는 업무 및 사업과 관련한 용역을 수행하는 법인·단체의 임직원이거나 주주인 경우 <신설 2019.10.19.>

2. 심의 대상이 되는 업무 및 사업과 관련하여 용역이나 자문역할을 하는 등 특수 관계가 있거나 있었던 경우 <신설 2019.10.19.>

3. 그 밖에 해당 직무활동의 공정을 기할 수 없는 현저한 이유가 있는 경우<신설 2019.10.19.><개정 2022.1.22.>

② 제1항의 사유에 해당하는 경우 그 사안의 심의에 대해 위원 스스로 회피하거나 위원장이 제척하여야 한다.<개정 2019.10.19.><개정 2022.1.22.>

제13조의2(의무사항) 위원회의 위원, 간사 또는 그 직에 있었던 사람은 다음 각 호의 의무사항을 지켜야 한다.<개정 2022.1.22.>

1. 위원회 활동과정에서 취득한 정보나 문서 등을 임의로 공표하거나 타인에게 배포·유포할 수 없다.

2. 위원회 업무수행 중 알게 된 비밀을 누설하거나 도용해서는 아니 된다.

[본조신설 2019.10.19.]

제 3 장 심판 등록 및 관리

제14조(심판등급 구분) 협회는 원칙적으로 다음 각 호와 같이 심판등급을 구분하되, 협회 특성이나 국제심판분류에 따라 별도의 용어로 분류할 수 있다. <개정 2020.1.11.>

1. 국내심판 <개정 2021.8.2.>

  가. 1급

  나. 2급

다. 3급

2. 국제심판 <개정 2021.8.2.>

제15조(심판등록 결격사유) 삭제 <2020.1.11.>

제16조(심판등록 및 활동) ① 심판으로 활동하고자 하는 사람은 심판자격을 취득한 후 경기인등록규정 제8조와 제25조에 따라 심판등록을 신청하여야 한다. <개정 2020.1.11.><개정 2022.1.22.>

② 제1항에 따라 심판으로 동록한 사람만이 협회 심판으로서 활동할 수 있다. <개정 2020.1.11.>

③ 제1항에 따라 등록한 심판의 자격정보가 변경되었을 경우 협회의 심의를 거쳐 심판 자격정보에 관한 사항을 변경할 수 있다. <개정 2020.1.11.>

④ 심판의 등록 취소는 경기인등록규정 제28조에 따른다. <신설 2020.1.11.><개정 2022.1.22.>

제17조(정보제공) ① 협회는 등록심판의 기본정보, 선수·지도자경력, 심판경력, 교육이수경력, 상벌사항 등을「공공기관의 정보 공개에 관한 법률」과 협회 정관에 따라 협회 홈페이지 및 체육정보시스템을 통하여 공개 또는 자료를 요청한 사람에게 제공할 수 있다. <제목개정 2020.1.11.>

② 심판 활동 실적발급은 별도 지침에 따른다.

제 4 장   심판아카데미 <제목개정 2020.1.11.>

제18조(심판아카데미 운영) ① 심판의 공정성 제고와 자질함양, 인성 교육을 통해 심판 부정, 비리를 일소하여 건전한 스포츠 문화를 선도할 수 있도록 통합 교육을 실시한다.

② 심판아카데미 운영은 협회 주관으로 시행한다. <개정 2019.10.19.>

③ 신규 자격 취득 후 등록된 심판은 교육대상이며, 이수 심판에 대해서는 모든

협회 역할 분장 시, 인센티브를 제공할 수 있다.〈개정 2020.1.11.〉

④ 협회 주관 교육은 심판양성교육과 심판심화교육, 심판강화교육으로 구분하여 진행하며 각 과정의 교육 세부내용은 다음 각 호와 같다.〈개정 2019.10.19.〉〈개정 2022.1.22.〉

1. 심판양성교육은 신규자격취득을 위한 대상자로 족구의 경기규칙, 심판매뉴얼, 심판 공식시그널 등을 기본으로 편성하되, 심판의 수준 및 교육 내용의 성격 등을 고려하여 탄력적으로 편성·운영한다.〈개정 2020.1.11.〉〈개정 2022.1.22.〉

2. 심판심화교육은 심판양성교육 이수 심판을 대상으로 하여 족구의 경기규칙, 족구심판의 역할과 기능, 안전대책, 심판의 복장 및 기본자세 등 심판의 수준 및 교육 성격 등을 고려하여 탄력적으로 편성·운영한다.〈개정 2019.10.19.〉〈개정 2022.1.22.〉

3. 심판강화교육은 차기 연도 배정활동 심판을 대상으로 하여 관련 규정의 제정·개정 사항과 전문 강의 및 토론 중심의 교육을 기본으로 편성하되 심판의 수준 및 교육 성격 등을 고려하여 탄력적으로 편성·운영한다.〈신설 2022.1.22.〉

4. 강사 구성은 영역별 전문가, 체육행정가, 체육학 전문가, 교육과정 전문가, 사회 저명인사, 체육계 인사, 심판 등으로 초빙한다.

5. 협회는 교육 참가 심판을 대상으로 심판아카데미 운영 전반에 대하여 설문조사 등을 실시하고 이를 통해 교육과정을 개선·발전시켜 나가야 한다.〈개정 2019.10.19.〉〈개정 2022.1.22.〉

⑤ 교육에 참가한 심판은 협회의 운영에 성실하게 따라야 한다.〈개정 2019.10.19.〉

⑥ 협회는 교육이수자에 대해 이수증을 발급한다.〈개정 2019.10.19.〉

제19조(교육실시) ① 협회는 매년 정기적으로 심판에 대한 자체 교육계획을 수립·운영하여야 한다.〈개정 2019.10.19.〉

② 교육내용은 신규자격검정, 집합교육, 보수교육, 강습회, 강화교육, 심판활동과 도덕, 공정한 경기운영과 판정, 심판의 책임감 등 교양 강좌와 규약, 경기규칙, 판정의 이론, 실기 교육 등 협회 실정에 맞게 실시하여야 한다. 〈개정 2020.1.11.〉

제5장 심판평가 및 배정

제20조(심판평가) ① 협회는 심판에 대하여 매년 평가를 하여야 한다. 〈개정 2019.10.19.〉

② 협회는 협회에 등록하여 해당 연도 경기진행에 참가한 심판에 대하여 등급별로 판정 평가서를 작성하여 협회 심판위원회를 통해 심판고과를 관리하고 승급이나 배정 시 자료로 활용하여야 한다. 〈개정 2019.10.19.〉

③ 협회는 실정에 맞게 지표 등을 매 경기 가능한 20개 이상 항목을 설정하고, 별도의 세칙을 정하여 시행하여야 한다. 그 세칙에는 동료심판, 선수 및 지도자가 평가할 수 있는 다면평가를 반드시 포함한다.

제21조(심판의 제척) 심판은 다음 각 호에 해당할 경우 해당 경기 심판배정에서 제척된다. 〈개정 2023.11.15.〉

1. 심판이 경기에 참가하는 선수·지도자·선수관리담당자(이하 '경기참가자'라 한다)와 친족 (「민법」 제777조에 의한 친족을 말한다)이거나 친족이었던 경우
2. 심판이 경기참가자와 동일 소속팀이거나 동일 소속팀으로 활동했던 경우

제21조의2(심판의 기피) ① 경기참가자는 다음 각 호에 해당 할 경우 심판의 기피를 신청할 수 있다.

1. 심판이 제21조 제척 사유에 해당하는 경우
2. 심판에게 공정한 판정을 기대하기 어려운 현저한 사유가 있는 경우

② 심판에 대한 기피 신청을 하고자 하는 경기참가자는 심판기피 신청서(별표1)를 협회 심판위원회 또는 소위원회에 제출하여야 한다.

③ 기피 당한 심판은 기피 신청에 대해 불인정하는 경우 소명서(별표 2)를 협회 심판위원회 또는 소위원회에 제출하여야 한다.

④ 협회 심판위원회 또는 소위원회는 접수된 소명서 내용을 심사하여 대회시작 전까지 기피 여부를 결정한다. 다만, 불가피한 가유로 대회시작 전까지 기피 결정을 못해 대회가 진행되더라도 기피 결정전까지는 심판 배정을 정지하는 효력이 없다.

⑤ 협회 심판위원회 또는 소위원회는 기피 신청이 있을 경우, 해당 경기 시작 전까지 심판 기피여부를 결정 및 통보하도록 노력하여야 한다.

⑥ 기피 당한 심판이 기피 신청에 대해 인정하는 때에는 협회 심판위원회 또는 소위원회의 기피 결정이 있는 것으로 간주한다.

[본조신설 2023.11.15.]

제21조의3(심판의 회피) ①심판 본인이 제21조에 해당하면 스스로 해당 경기 심판을 회피하여야하며, 제21조의2제1항제2호에 해당하면 회피할 수 있다.

[본조신설 2023.11.15.]

제22조(심판배정) ① 협회는 심판위원회의 결정으로 모든 대회의 심판을 배정하고, 게시판 등을 통해 경기 참가자들이 배정된 심판 명단을 볼 수 있도록 공개하여야 한다. <개정 2019.10.19.><개정 2023.11.15.>

② 심판 배정 시 같은 선수(팀) 경기를 연속으로 배정해서는 안 된다.

③ 협회의 심판위원회가 특별히 정한 경우를 제외하고는 다음 각 호 순으로 우선 배정한다.

1. 협회가 승인한 상임심판
2. 협회가 주관하는 심판심화교육(심판아카데미)과정을 이수한 심판
3. 협회가 수관하는 심판양성교육(심판아카데미)과정을 이수한 심판 〈신설 2019.10.19.〉

④ 모든 대회의 심판은 2심제 이상으로 진행하여야 한다. <신설 2022.4.30.><개정 2023.4.26.>

제23조(심판판정) ① 심판은 다음 각 호에 따라 판정하여야 한다.
 1. 외부 단체로부터 독립하여 공정한 업무를 수행하여야 한다.
 2. 심판 관련 규정과 해당 단체의 규약 및 심판 규정을 준수하고 경기규칙에 따라 명확한 판정을 위하여 최선을 다하여야 한다.
 3. 경기 운영 및 판정에 있어 공명정대하게 양심에 따라 판정한다.
② 심판은 경기 진행 중 경기규칙의 해석 및 적용에 대한 결정 권한을 갖는다.
③ 심판은 경기종료 후 공식 경기기록 등을 기록원과 확인하며, 협회 양식에 따라 경기보고서를 작성하여 심판위원회와 경기위원회에 제출하여야 한다. 〈개정 2019.10.19.〉
④ 협회는 국내종합대회 및 전국규모대회 시 비디오 재 판독과 최소 3년 이상 영상보관의 의무를 대회요강에 명시하여야 한다. 〈개정 2019.10.19.〉
⑤ 판정에 대한 이의제기와 상고는 국제연맹 및 협회 규정에서 정한 바에 따른다. 〈개정 2019.10.19.〉

제24조(심판의 품위) ① 심판은 협회에서 발급한 신분증서를 패용하여야 한다. 〈개정 2019.10.19.〉
② 심판은 협회에서 규정한 복장과 장비만 사용하여야 한다. 〈개정 2019.10.19.〉
③ 심판은 반드시 필요한 상해보험에 가입하여야 한다.
④ 심판은 협회의 정관 및 관련 규정을 준수하여야 한다. 〈개정 2019.10.19.〉
⑤ 심판은 오심과 편파판정에 대하여 '회원종목단체규정', 협회의 '스포츠공정위원회규정'에 따라 징계(문책) 받을 수 있다. 〈개정 2019.10.19.〉
⑥ 심판은 선수·지도자의 팀(단체 등) 입단, 계약 또는 기타 취직의 알선, 협조 등 심판으로서의 직분이나 직무 공정성을 해하는 행위를 해서는 안 된다.

제6장 상벌 및 심판 매뉴얼

제25조(심판의 상벌) ① 심판이 명백한 오심을 하거나 사회적으로 물의를 일으키고 심판의 품위를 손상시키는 등 징계 사유에 해당되는 언행을 할 경우 협회 '스포츠공정위원회규정'에 따라 처리한다.

② 오심 누적 시 심판자격을 강등할 수 있으며, 오심 횟수에 따라 심판자격도 박탈할 수 있다.

③ 심판은 활동지역 사무국의 지원 요청에 적극 협조하여야 하며, 심판이 특별한 사유 없이 시·도협회 사무국의 정당한 요청에 불응 시 협회로 관련 사실을 통보하고 사실 조사 후 스포츠공정위원회 규정에 따라 처리한다.<개정 2024.8.8.><개정 2024.3.24.>

④ 심판은 대회의 배정신청을 자유롭게 할 수 있으며, 활동하고자 하는 대회에 부당하게 배정신청을 제한할 경우 관련자는 스포츠공정위원회 규정에 따라 처리한다. <신설 2023.11.15.>

제26조(심판의 포상 등) ① 협회는 심판 평가 및 교육 우수심판에 대해서는 체육회 등에 표창을 상신하며 심판 승급 시 인센티브를 부여할 수 있다.

② 협회는 우수 심판에 대해 체육회에 국제기구 연수를 요청할 수 있다.

제27조(심판매뉴얼) 협회는 심판매뉴얼을 제정하여 운영하여야 한다.

부 칙(2017. 2. 25.)

제1조(시행일) 이 규정은 대한민국족구협회 이사회의 의결한 날로부터 시행한다.

제2조(임기에 대한 예외) 이 규정 제8조에도 불구하고 정관 부칙 제2조에 따라

새로 선출되는 회장은 임기 시작 직후 심판위원회를 새로 구성할 수 있다.

부 칙(2018. 1. 19.)

제1조(시행일) 이 규정은 이사회의 의결한 날부터 시행한다.

부 칙(2018. 4. 23.)

제1조(시행일) 이 규정은 이사회의 의결한 날부터 시행한다.

부 칙(2019. 10. 19.)

제1조(시행일) 이 규정은 이사회의 의결을 거친 날부터 시행한다.

부 칙(2020. 1. 11.)

제1조(시행일) 이 규정은 이사회의 의결을 거친 날부터 시행한다.

부 칙(2021. 8. 3.)

제1조(시행일) 이 규정은 이사회의 의결을 거친 날부터 시행한다.

부 칙(2022. 1. 22.)

제1조(시행일) 이 규정은 이사회의 의결을 거친 날부터 시행한다.

부 칙(2022. 4. 30.)

제1조(시행일) 이 규정은 이사회의 의결을 거친 날부터 시행한다.

부 칙(2023. 4. 26.)

제1조(시행일) 이 규정은 이사회의 의결을 거친 날부터 시행한다.

부　칙(2023. 11. 15.)

제1조(시행일) 이 규정은 이사회의 의결을 거친 날부터 시행한다.
[별표1] <신설 2023. 11. 15.>

부　칙(2024. 8. 8.)

제1조(시행일) 이 규정은 이사회의 의결을 거친 날부터 시행한다.

부　칙(2025. 3. 24.)

제1조(시행일) 이 규정은 이사회의 의결을 거친 날부터 시행한다.

심판 기피신청서

대회명 * 경기명 기재	ex) 00000대회 (16강전)
신청인	성명 : 구분 : □ 선수 □ 지도자 □ 선수관리담당자 (신청인 신분 √ 체크)
기피 심판	
기피 사유	

「대한민국족구협회 심판위원회 규정」 제21조의2(심판의 기피)제2항에 따라, 심판의 기피신청서를 제출합니다. 위 사항은 사실과 다름이 없음을 확인합니다.

년   월   일

신청인   (서명 또는 인)

대한민국족구협회 심판위원회(또는 소위원회) 귀중

첨부서류 (필요시)	

처리 절차

신청서 작성/제출	→	접수	→	결정	→	결과알림
신청인		대한민국족구협회 심판위원회(또는 소위원회)		대한민국족구협회 심판위원회(또는 소위원회)		

210mm×297mm[백상지 80g/㎡]

[별표2] <신설 2023. 11. 15.>

기피 신청에 대한 소명서(기피당한 심판)

대회명 * 경기명 기재	ex) 00000대회 (16강전)

소명 내용	

「대한민국족구협회 심판위원회 규정」 제21조의2(심판의 기피)제3항에 따라, 기피 신청에 대한 소명서를 제출합니다. 위 사항은 사실과 다름이 없음을 확인합니다.

년   월   일

신청인   (서명 또는 인)

대한민국족구협회 심판위원회(또는 소위원회) 귀중

첨부서류 (필요시)	

처리 절차

의견서 작성/제출	→	접수	→	결정	→	결과알림
기피당한 심판		대한민국족구협회 심판위원회(또는 소위원회)		대한민국족구협회 심판위원회(또는 소위원회)		

210mm×297mm[백상지 80g/㎡]

족구 심판 매뉴얼

대한민국족구협회 심판 매뉴얼

제정 2019. 12. 14.
개정 2021. 02. 06.
개정 2021. 03. 27.
개정 2021. 08. 02.
개정 2021. 11. 13.
개정 2022. 01. 22.
개정 2022. 04. 30.
개정 2022. 11. 30.
개정 2023. 4. 26.
개정 2023. 6. 5.
개정 2023. 11. 15.
개정 2024. 8. 8.
개정 2024. 8. 19.
개정 2024. 10. 30.
개정 2025. 10. 10.

심 판 위 원 회

☐ 기능
1. 심판이 경기규칙에 따라 공정하게 직무를 수행할 수 있도록 심판의 독립성과 자율성 보장 방법 및 기준에 관한 사항 심의
2. 심판의 권익 보호·증진에 관한 사항 심의
3. 심판양성교육, 심화교육, 강화교육(심판아카데미)에 관한 사항 심의<개정 2022.11.30>
4. 심판 등록 및 관리에 관한 사항 심의
5. 심판 평가에 관한 사항 심의
6. 그밖에 위원회의 설치 목적의 달성을 위해 필요하다고 인정되는 사항 심의

☐ 구성
1. 위원장 1명
2. 부위원장 4명 이하<개정 2023.4.26.>
3. 위원 7명 이상 15명 이하(위원장, 부위원장 포함)

☐ 심판배정
1. 협회는 심판위원회의 결정으로 모든 대회의 심판을 배정하여야 한다.
2. 심판 배정 시 같은 선수(팀) 경기를 연속으로 배정해서는 안 된다.
3. 협회의 심판위원회가 특별히 정한 경우를 제외하고는 협회가 주관하는 심판 강화교육, 심화교육, 양성교육(심판아카데미)과정을 이수한 심판을 우선 배정한다.<개정 2022.11.30>

심판 소운영위원회

☐ 기능
1. 심판위원회의 효율적 운영과 전문성 제고를 위해 년간 2회 이내의 회의를 개최한다.
2. 활동 시·도협회와 심판위원회간 상호 교량적 역할을 한다.
3. 활동 시·도협회의 개선 및 발전적인 사항에 대하여 합의된 사항을 심판위원회에 상정할 수 있다.
4. 심판위원회 회의에 참관 자격으로 참석할 수 있으나, 발언권은 제한한다.
☐ 구성 : 소운영위원회는 시·도협회 심판이사로 당연직이다.

심판자격 및 관리

☐ 자격취득 : 협회 및 심판규정에서 정한 바에 의거 자격 부여
1. 국제심판 자격구분 및 자격조건 : 국내 및 해외에 열리는 모든 족구대회에서 족구심판 주심 및 부심을 수행할 수 있다. <개정 2021.8.2>
   가. 내국인 : 족구심판 2급 이상
      외국인 : 18세 이상 60세 미만 <개정 2021.8.2.><개정 2025.10.10.>
   나. 해외여행에 결격 사유가 없는 자 <개정 2021.8.2.>

2. 국내심판 자격구분 및 자격조건
   1) 1급 : 협회 및 시·도협회에서 주최·주관하는 족구대회에 족구심판 주심 및 부심을 수행할 수 있으며, 필기·실기 자격검정 위원 및 족구심판 교육 강사를 수행 할 수 있으며, 응시자격 요건은 아래와 같다.
   ① 족구심판 2급 취득 후 4년 이상의 경력과 족구활동 점수 1,200점 이상의 점수를 득한 사람
   ② 족구심판 2급 취득 후 족구심판강화교육 4회 이상 수료한 사람
   (단, 제주도는 지역특수성을 고려하여 심화교육으로 대체 가능)<개정 2022.04.30.>
   ③ 족구심판 2급 취득 후 "별표1"의 대한민국족구협회 주관대회 6회 이상 또는 17개 시·도협회 주관대회 12회 이상 활동한 사람<개정 2021.02.06.><개정 2021.11.13.>
   ④ 협회에서 발급하는 족구 경기지도자 3급 자격을 취득한 사람 또는 문화체육관광부에서 발급

하는 체육지도자(족구) 자격증을 취득한 사람
⑤ 승급대상자는 전년도 심판아카데미(강화교육)를 이수하여야 한다.
2) 2급 : 협회 및 시·도협회에서 주최·주관하는 족구대회에 족구심판 주심 및 부심을 수행할 수 있으며, 필기 자격검정 보조위원을 수행할 수 있으며, 응시자격 요건은 아래와 같다.
① 족구심판 3급 취득 후 2년 이상의 경력과 족구활동 점수 700점 이상 득한 사람
② 족구심판 3급 취득 후 족구심판강화교육 2회 이상 수료한 사람
(단, 제주도는 지역특수성을 고려하여 심화교육으로 대체 가능)<개정 2022.04.30.>
③ 족구심판 3급 취득 후 "별표1"의 대한민국족구협회 주관대회 3회 이상 또는 17개 시·도협회 주관대회 6회 이상 활동한 사람<개정 2021.02.06.><개정 2021.11.13.>
④ 승급대상자는 전년도 심판아카데미(강화교육)을 이수하여야 한다.
3) 3급 : 협회 및 시·도협회에서 주최·주관하는 전국족구대회에 족구심판 부심을 수행할 수 있으며, 시·군·구협회에서 주최·주관하는 족구대회에 족구심판 주심 및 부심을 수행할 수 있으며, 응시자격 요건은 아래와 같다.
① 현 나이 18세 이상 60세 미만인 사람<개정 2025.10.10.>
② 협회 족구심판아카데미(양성교육)를 수료 후 시험에 합격한 사람

3. 승급 기준 점수자격
1) 1급 : 이론평가 70점 이상 합격 후, 실기 70점 이상으로 이론평가 합격자에 한하여 실기평가를 2회에 한하여 응시할 수 있다.<개정 2021.02.06.>
2) 2급 : 이론평가 70점 이상 합격 후, 실기 70점 이상으로 이론평가 합격자에 한하여 실기평가를 2회에 한하여 응시할 수 있다.
3) 3급 : 이론평가 60점 이상

4. 3급 이상 심판자격 유지기준
1) 1급, 2급, 3급 : 시·도협회에서 주최·주관하는 대회에 년간 2회 이상 3년간 6회 이상의 대회를 참가해야한다. 심판자격여부가 변동이 있는 경우 본 협회로 보고한다.
2) 자격유지(심화) : 심판자격 기간 만료 전 협회가 주관하는 아카데미(심화교육)에 참석하여 수강을 받아야 하며, 심판자격 기간 만료 1년 경과 후 심판활동을 재개 하고자 할 시에는 심판아카데미(양성)에 참가하여 이론시험 60점 이상을 획득하여야 한다.<개정 2021.02.06.><개정 2022.04.30.>

심판아카데미 교육

☐ 대한체육회 클린 심판아카데미 이수

1. 대상
1) 대한민국족구협회에서 심판의 자격을 취득한 공인 3급 이상으로 심판위원회 추천
2) 대한체육회의 교육일정에 따라 추천 요청 시 대한민국족구협회에서 미 이수 심판에 대하여 추천

2. 인센티브 : 대한민국족구협회 심판운영과 관련된 사업 추진 시 우선 반영
   1) 국제경기 및 종목별 대회 심판 추천
   2) 전국대회에 이수자 우선 배정<개정 2022.11.30>
   3) 심판원 간 대회운영에 따른 이견 발생 시 이수자 의견 적극 반영
   4) 심판운영과 관련된 사업에 대한 적극적인 의견 개진 가능

□ 대한민국족구협회 심판아카데미 : 매년 정기적으로 심판에 대한 자체교육계획을 수립·운영

1. 시기 및 내용 : 대회시즌 및 비시즌에 대한민국족구협회 주관으로 연중 운영
   1) **양성교육** ▶ 신규 희망자를 대상으로 개최<개정 2022.04.30.>
      ▶ 참가비 : 5만원
   2) **심화교육** ▶ 자격증 소지자를 대상으로 심화교육 개최<개정 2021.02.06.><개정 2022.04.30.>
   3) **강화교육** ▶ 차기년도 배정 활동을 위한 강화교육 개최
      (단, 제주도는 지역특수성을 고려하여 심화교육으로 대체 가능)<신설 2022.04.30.>
      ▶ 차기년도 승급대상자를 위한 강화교육 개최<신설 2022.04.30.>

2. 교육 내용
   1) 심판활동과 도덕, 공정한 경기운영과 판정, 심판의 책임감, 제규정 및 경기규칙, 심판 사례별 대응 방안교육 및 토론 등 당해 실정에 맞게 실시
   2) 주요 대회를 대비하여 사전 교육, 규정의 변경 등 심판 직무 교육 실시

심판 승급 평가

□ 평가시행 : 대한민국족구협회는 심판에 대하여 연중 평가하고, 평가위원으로는 심판위원회에서 다면 평가제도로 2회 이상 평가하도록 한다. 특히, 평가는 심판의 '품성'비중을 높게 보며 대상자 모르게 비밀평가 진행을 원칙으로 한다. 심판 평가표를 통해 심판고과 관리 및 상벌 자료로 활용한다. 승급을 위한 대상자는 협회가 운영하는 심판 아카데미(강화과정)를 이수하여야 한다.<개정 2022.04.30.>
승급을 하고자 하는 심판은 해당 시·도협회에 승급요청을 하며, 시·도협회는 매년 11월까지 승급요청 공문을 사무처로 접수하여야 한다.<개정 2021.02.06.>

1. 실기 평가(1급) : 년 중 실기 평가 실시 ▶ 실기평가 합격기준 : 70점<개정 2021.02.06.>
2. 이론 평가(1급, 2급) : 상반기내 이론 평가 실시 ▶ 이론시험 합격기준 : 70점<개정 2022.1.22.>
3. 실기평가대상 대회 : 대한민국족구협회 주관대회<개정 2022.1.22.>

4. 실기 평가(1,2급) : 대한민국족구협회 주관대회 기간 중 운영<개정 2022.1.22.>
   1) 승급 신청자를 대상으로 이론평가 후 합격자에 한해 연중 개최
   2) <삭제 2021.02.06.>
   3) 실기시험 합격기준 : 1급(70점), 2급(70점)<개정 2021.02.06.>
      ※ 승급대상 심사는 무급 배심(대회기간 중 1일간 실시)
5. 평가자 : 대한민국족구협회 심판평가위원회(심판위원회)
6. 평가 방법 : 대한민국족구협회 평가표 활용
7. 승급에 필요한 점수산정은 "별표1" 과 같다.
8. 등록비 : 합격 발표 후 15일 이내 3급 7만원, 2급 10만원, 1급 15만원, 국제심 10만원
□ 심판 평가표 : 참고자료 1

심 판 배 정

□ 심판 기피 및 제척
1. 활동지역 시·도협회 대회에 년간 2회 이상 배정 활동한 심판을 대상으로 전국대회 배정을 요청 할 수 있다.<개정 2022.11.30>
2. 협회는 대회 전에 배정된 심판을 공개하고 선수, 지도자 등이 심판 기피를 합리적인 사유와 근거를 제시하여 요청할 경우 당해 단체 심판위원회에서 그 사유를 심사하고 정당한 사유가 있으면 해당 경기에 관한 심판에서 제외할 수 있다.
3. 경기에 참가하는 선수, 지도자의 친인척, 동일학교 및 동일지역 출신은 그 경기에 심판으로 참여할 수 없다.
4. 지정된 숙소 활용과 출입을 제한한다.
5. 대회참가 지도자·선수·팀 관계자와의 개인적인 접촉을 제한한다.
6. 배정신청은 협회 통합운영시스템을 사용하여야 한다.<개정 2023.6.5.>

□ 심판배정 : 심판위원회의 결정으로 모든 대회의 심판을 배정한다.
1. 심판 배정 시 같은 선수(팀) 경기를 연속으로 배정해서는 안 된다.
2. 심판 배정 시 한 경기에 동일학교 및 동일지역 출신자 참여 배제 원칙
3. 배정된 심판은 대회참가 요강, 경기규칙, 제규정 등 재 숙지
4. 체전부는 4심제로 운영하며, 방송대회는 6심제로 운영한다.(단, 방송대회시 기록심 1명 비디오판독심 2명을 추가로 배정한다.)<신설 2022.11.30>

□ 심판판정 · 심판은 외부 단체로부터 독립하여 경기운영 및 판정에 있어 공명정대하게 양심에 따라 판정해야 한다.
1. 심판은 경기 진행 중 경기규칙의 해석 및 적용에 대한 결정 권한을 갖는다.
2. 심판은 경기종료 후 공식 경기기록 등을 부심과 확인하며, 당해 단체 양식에 따라 경기기록지를 작성하여 심판위원회에 제출하여야 한다.
3. 판정에 대한 이의제기 및 상고는 협회 규정에서 정한 바에 따른다.

□ 심판의 품위
1. 심판은 협회에서 발급한 신분증서를 패용 하여야 한다. <개정 2021.03.27.>
2. 심판은 협회에서 규정한 복장과 장비만 착용하여야 한다.
3. 심판은 반드시 필요한 상해보험에 가입하여야 한다.
4. 심판은 협회의 정관 및 관련 규정을 준수하여야 한다.
5. 심판은 오심 및 편파판정에 대하여 '회원종목단체규정', 협회의 스포츠공정위원회규정'에 따라 징계(문책) 받을 수 있다.
6. 심판은 선수·지도자의 팀(단체 등) 입단, 계약 또는 기타 취직의 알선, 협조 등 심판으로서의 직분이나 직무 공정성을 해하는 행위를 해서는 안 된다.

□ 심판의 포상
1. 심판 평가 및 교육 우수심판에 대해서는 체육회 등에 표창을 상신하며, 승급 시 인센티브를 부여할 수 있다.
2. 협회는 우수 심판에 대해 체육회에 국제기구 연수를 요청할 수 있다.

□ 경기배정
1. 2심제 기준 : 한 코트 당 주심1명, 부심1명으로 운영한다. 체전부는 4심제를 운영한다.<개정 2025.10.10.>
2. 경기진행표에 의거 주·부심 배정
3. 배정 코트에 해당 지역 심판 배제
4. 심판 준비는 경기진행표에 의한 준비

□ 경기진행
1. 심판위원회 및 경기위원회 간 정보공유로 협동성 유지 (대표자 회의 시 결정사항 등)
2. 공정한 판정을 위해 매 경기 판정 시 일관성 및 안정성 유지
3. 보상 판정 배제
4. 출전선수에 대한 선입견 없어야 함
5. 빠르게 간단, 명료, 명확히 판정(인, 아웃 등)
6. 소청처리
 1) 판정에 대한 이의 제기 및 상고는 해당 규정 및 절차에 따라 신속 정확 처리
 2) 경기진행 중 선수 및 지도자의 질의 등은 경기규정 및 규칙에 따라 명확히 설명 후 즉시 경기진행

심판의 진행순서

1. 배정된 경기장을 전체적으로 점검한다.
2. 부심(기록담당)은 기록지의 선수 명단과 출전 선수 및 복장을 확인한다.
 (임원부, 연령부등의 선수는 진행석에서 확인한 증표를 참고한다.)

3. 주심은 주장을 호출 후 토스하여 코트, 서브, 리시브의 선택권을 정한다.
   이때 경기에 대한 주의사항 등을 전달하며, 주장 띠 미착용 시 주장의 권한이 없음을 알린다.(우선 선택권을 가진 팀이 서브, 리시브, 코트 중 하나를 선택하면 반대 팀은 나머지 중 하나를 선택할 수 있다.)
4. 지정된 코트 끝선에 선수를 정렬 시킨다. 이때 주·부심은 네트 양 끝에 위치한다.
   (선수 소개 절차와 본부석 인사 등이 있으면 주심의 신호로 시행)
5. 주심의 상견례 신호와 함께 양 팀은 네트를 중심으로 시계 반대방향 옆선을 따라 돌며, 심판진 및 상대 선수와 인사 후 코트로 진입한다.
6. 주심은 부심의 위치를 확인한다.
7. 세트 플레이 신호와 함께 부심1(수비 측 선 담당)은 끝선을 부심2 (공격 측 선 담당)은 옆선을 주시 인·아웃에 대한 판정을 한다.
   공·수가 교대 시 위치를 변동하며 진행한다.
   부심(기록)은 주심의 상대편에서 인, 아웃 및 공격자의 오버네트, 네트터치 등을 인지하여 주심의 사각지대를 보좌한다.
8. 합의판정 시 주심은 선수들을 끝선에 정렬시키고, 신호에 의해 부심을 주심 앞으로 부른다. (선 담당 부심은 옆선을 따라 절도 있게 움직이어야 하고, 상황에 대한 내용을 분명하게 제시한다.)
9. 판정 및 경기 진행에 대한 질의는 주장만이 할 수 있고, 이에 대한 답은 주심이 명확하게 하고, 벌칙 적용은 공정하게 하여야 한다.
10. 선수교체 및 작전타임은 감독만이 요청할 수 있으며, 세트 사이의 선수교체는 새로운 구성으로 보지만, 주심에게 반드시 통보하여야 한다. 단, 통보가 없으면 선수교체로 본다.
11. 플레이 중 경기장에 타 물체가 들어오면 경기를 중단 시킨다.
    단, 진행되는 플레이에 지장이 없다고 판단될 시는 중단하지 않는다.
12. 경기 중 부상 선수 발생 시 신속하게 대응하여야 하며, 3분 이내 2회에 한하여 치료 시간을 허용한다.
13. 공의 선택은 1세트에 서브를 가진 팀이 3세트에도 서브를 가진다.
14. 세트가 종료되면 주심의 신호에 의하여 시계 반대 방향으로 코트를 바꾼다.
15. 최종 세트는 8점에서 코트 체인지 및 코트로 진입, 서브는 득점 팀이 한다.
16. 경기가 종료되면 선수들은 끝선에 정렬한다.(행동 절차는 4항과 동일하다.)
17. 기록부심은 기록지를 작성, 양 팀 감독 및 심판진이 서명, 심판위원회 검토 후 진행석에 제출한다.
18. 경기 중 발생사항 및 필요한 교육은 경기 후 미팅하여, 다음 경기 시 원활한 진행이 될 수 있도록 노력한다.

서브 로테이션

1. 서브는 우수비부터 시계방향으로 로테이션으로 실시한다.
2. 심판은 경기기록표의 선수명단과 등번호, 서브 순번을 확인 후 감독의 서명을 받는다.
3. 포지션 변경이 되어도 서브 순번은 변하지 않으며, 이는 경기종료 시 까지 적용한다.
4. 선수교체 시 해당 선수의 서브 순번은 교체 선수에게 위임된다. 세트 시작 시 교체의 경우에도 동일하게 적용한다.
5. 새로운 세트 시작 시 직전세트 종료 시 순번의 다음순번부터 실시할 수 없으며, 1세트의 1순번 선수부터 다시 실시한다.
6. <삭제 2023.11.15.>
7. 로테이션 파울 시 시그널은 서비스 파울 시그널과 동일하다.<신설 2023.4.26.>

심판복장

1. 심판원은 본 협회에서 규정한 복장을 착용하고 대회에 심판원으로 참가해야 한다.
2. 심판의 복장은 상의 대한민국족구협회에서 지정한 티셔츠, 하의는 정장형태의 감색(navy blue) 또는 검정(black) 색상의 바지를 착용한다.<개정 2021.03.27.>
3. 신발은 운동화를 착용하여야 한다.<개정 2021.02.06.>
4. 벨트는 검정색으로 착용 하여야 한다.
5. 모자는 대한민국족구협회 마크가 있는 규정된 심판모를 착용 하여야 한다.
6. 기온에 따라서 동절기에는 심판의 건강을 보호하기 위하여 심판복 위에 통일된 방한복(검정색)을 착용한다.
7. 우천 시는 우의를 착용할 수 있다.<개정 2021.02.06.>
8. 기타 스카프 등은 금지한다.
9. 선그라스는 눈동자가 보이는 연한색으로 착용 가능하다.
10. 심판카드, 호각, 토스코인, 초시계(손목시계 허용), 줄자, 흰장갑, 필기구, 디지털경기기록용 태블릿PC(안드로이드 운영체제 버전 13 이상)를 지참하여야 한다.<개정 2024.10.30.>

심판의 공식 신호

1. 주심의 신호

구 분	시그널	내 용
상견례		양 팀에게 인사를 할 수 있도록 요청하는 시그널로 양팔을 벌려서 손바닥끼리 마주 친다
서어비스		서어비스를 행할 팀 쪽의 팔을 어깨 높이에서 수평으로 반대편 쪽으로 행한다. (손바닥을 아래로)
포인트 또는 공 위치		득점 팀이나 공의 소재지 팀으로 곧게 편다
서어비스 파울		팔을 펴서 손바닥을 위로 향하여 곧게 올린다.

구 분	시그널	내 용
서어비스 5초 경과		손가락을 펴서 5를 표시 한다.
굳(인 사이드)		손끝으로 코트를 가리킨다.
아웃		두팔을 어깨높이 위로 구부린다. (엔드, 사이드라인 모두 적용한다)
오버타임		손가락으로 4를 표시한다 (오버터치와 오버바운드)
터치 아웃		득점 팀의 팔을 사선으로 펴고, 실점 팀 손바닥을 터치 한다.

구 분	시그널	내 용
오버네트		위반 팀에서 상대팀 방향으로 수평으로 향한다. (단전 위치에서 손바닥을 아래로)
네트터치		네트 옆을 가볍게 두드린다.
바디터치 (몸 닿)		몸을 가볍게 두드린다.
호올딩		손바닥을 위로하여 직각으로 구부렸다 폈다 한다. (들어 올리는 형태)
노-카운트 (더블 파울)		양손의 엄지를 펴서 어깨 위로 들어 올린다.

구 분	시그널	내 용
인-플레이 (경기 계속)		양팔을 펴서 손바닥을 위로 올려 준다. (손으로 연속 동작)
데드볼 (경기 중단)		양팔을 사선으로 내려 손바닥으로 공을 눌러 주는 형태를 취한다.
투 텃치 (투 바운드)		인·중지를 수직으로 2를 표시 한다. (투 바운드 : 아래로 표시)
합의판정		인지로 부심을 가리키고, 주심 쪽으로 끌어당긴다.
선수 교체 (경기자 교대)		두 팔을 구부려 앞으로 돌린다.

구 분	시그널	내 용
작전 타임		양손을 T형태로 만들고, 요구 팀을 가리킨다. (요구한 팀 방향의 손을 곧게 세운다.)
체인지 코트		왼팔은 앞에서 뒤로, 오른팔은 뒤에서 앞으로 향하여 돌린다.
경고 및 퇴장		경고는 노랑카드, 퇴장은 빨강카드를 보인다.
자격 박탈		빨강, 노랑카드를 동시에 제시한다. (실격패, 몰수패)
세트 종료 및 게임 종료		가슴 앞에서 양팔을 X자 형태로 교차 시킨다.

2. 부심(선 담당)의 신호

구 분	시그널	내 용
굳(세입)		정지된 상태에서 수기로 라인을 가리킨다.
아 웃		정지된 상태에서 수기를 직선으로 들어 올린다.
원 터 치		수기를 수직으로 하고, 손바닥으로 상단을 두드린다. (터치아웃, 드리볼, 바디터치, 오버타임)
공 안테나 외측 통과 및 서어비스 파울		수기를 수직으로 들어올려 원을 그린다. (외측 공, 서어비스 파울)
판정 불가능		양팔을 가슴에 x자 형태를 취한다.

상벌 및 포상

□ 상벌
1. 심판이 사회적으로 물의를 일으키고 심판의 품위를 손상시키는 등 징계 사유에 해당되는 언행을 할 경우 스포츠공정위원회 관련규정에 따라 아래와 같이 심판위원회에서 심의 할 수 있다.
2. 심판행동강령 위배 시 징계 할 수 있다.

위반행위	징계기준
가. 단체 및 대회 운영과 관련된 금품수수 비위	- 경미한 경우 : 1년 이상 3년 미만의 출전정지 또는 1년 이상 3년 미만의 자격정지 - 중대한 경우 : 자격정지 3년 이상 또는 제명
나. 단체 및 대회 운영과 관련된 직권 남용, 직무태만 등 비위의 사건	- 경미한 경우 : 견책, 1년 미만의 출전정지 또는 1년 미만의 자격정지 - 중대한 경우 : 1년 이상의 출전정지, 1년 이상의 자격정지 또는 제명
다. 승부조작, 편파판정	- 영구제명
라. 폭력	- 경미한 경우 : 1년 이상 3년 미만의 출전정지 또는 1년 이상 3년 미만의 자격정지 - 중대한 경우 : 3년 이상의 출전정지, 3년 이상의 자격정지 또는 영구제명
마. 강간, 유사강간 및 이에 준하는 성폭력	- 영구제명
바. 성추행, 성희롱 등 행위	- 경미한 경우 : 1년 이상 3년 미만의 자격정지 - 중대한 경우 : 3년 이상의 자격정지 또는 영구제명
사. 사회적 물의를 일으켜 체육인의 품위를 훼손하는 경우 등	- 경미한 경우 : 견책, 1년 미만의 출전정지 또는 1년 미만의 자격정지 - 중대한 경우 : 1년 이상의 출전정지, 1년 이상의 자격 정지 또는 제명

□ 포상
1. 심판 평가 및 교육 우수 심판에 대해서는 심판위원회가 심의하여 협회 및 대한체육회 등에 표창을 상신할 수 있다.
2. 심판위원회는 우수 심판에 대하여, 협회에 국제대회 파견을 요청할 수 있다.

□ 기타사항
○ 등록된 모든 심판은 대한민국족구협회의 심판 관련 사업, 행사 등에 적극 참여해야 한다.

별표 1

심판활동 점수

점수 항목	각 대회 (봉사포함)	심판상	포상 협회	포상 시,도	교육
대한민국족구협회 주관대회	30	25	-	-	-
17개 시·도협회 주관대회	15	10	-	-	-
시,군,구 대회	10	5	-	-	-
기타대회	5	-	-	-	-
정기총회(년간)	-	-	50	30	-
방송경기 현장체험 실무교육<신설 2024.8.8.>	-	-	-	-	30
대한체육회 클린심판아카데미 (연간 1회 이내)	-	-	-	-	10

□ 각 대회별 주석
- 대한민국족구협회 주관대회 : 대한민국족구협회 주최 또는 주관대회<개정 2021.11.13.>
- 17개 시·도협회 주관대회 : 17개 시·도협회 주최 또는 주관대회<개정 2021.11.13.>
- 시·군·구(주최·주관) 대회 : 시협회장기, 시장기, 군수기, 군협회장기, 구청장기, 구협회장기
- 기타 대회 : 시·군·구 협회를 경유하여 파견하는 대회를 원칙으로 한다.<신설 2021.2.6.>

<활동 점수><개정 2024.8.19.>
1. 모든 대회의 점수산정을 대회요강을 기준으로 한다.
2. 당해연도 승급 실기대상자의 전년도 심판승급요청서 작성일 이후 활동한 점수는 승급일 이전이어도 상위 등급 승급활동 점수에 산입한다.
3. 심판배정은 대한민국족구협회 통합운영시스템에서 승인한 것을 말한다.(봉사포함)<개정 2024.8.8.>
4. 활동점수는 대한민국족구협회 통합운영시스템을 사용한 대회를 말하며, 기타대회는 예외로 할 수 있다.<신설 2024.8.8.>
5. 일정기간 동안 진행되는 리그전의 경우 해당대회 일수별로 점수를 부여한다.
6. 방송경기 종류는 지상파, 종합편성, 케이블을 말한다.<신설 2024.8.8.><개정 2024.8.19.>
7. 대한민국족구협회 주관대회에 경기운영자로 파견 시 해당 대회 점수를 부여한다.
8. 심판활동 점수는 심판매뉴얼을 우선하여 적용한다.

참고자료1

심 판 행 동 강 령

1. 모든 경기를 양심과 경기규칙에 따라 공정하게 운영해야 한다.
2. 경기배정 등 직무 수행 상 알게 된 기밀을 누설해서는 안 된다.
3. 업무와 관련하여 어떠한 명목으로든 사례, 증여, 향응을 받거나 금전을 차용해서는 안 된다.
4. 선수, 지도자, 팀 관계자와 비공식 접촉을 해서는 안 된다.
5. 직무 중에는 항상 복장 및 용모를 단정하게 하고 어느 장소에서나 심판으로서 명예와 품위를 지키며 언행에 유의해야 한다.
6. 활동기간 중이나 퇴임 후에도 심판의 명예와 신용을 손상하거나 업무수행 관련 자료 등을 외부에 일체 누설·유출하는 일이 없도록 한다.
7. 선수, 지도자, 팀 관계자와는 물리적 충돌을 피해야 하며, 공식적으로 규칙에 관하여 질문이 있을 경우 명확하게 답변을 해야 한다.
8. 아래 사항을 항상 준수해야 한다.

> 가. 경기규칙을 적용할 때는 정직하고, 일관성이 있으며, 객관적이고 공평해야 한다.
> 나. 경기를 안전하고 공정한 방법으로 치르고 선수들과 선수들의 복지를 보호하기 위해 합리적인 대책을 마련한다.
> 다. 동료들의 능력과 가치를 비판하지 않는다. 다른 사람들을 지원하고 조언한다.
> 라. 긍정적이고 전문가적이며 남을 존중하는 매너로 심판의 직무를 수행한다.
> 마. 최신의 경기 규칙, 규정 및 동향을 숙지한다.
> 바. 대회에서 심판의 직무를 수행할 때는 항상 정해진 복장을 착용한다. 심판의 직무를 수행을 하지 않을 때도 적절한 복장을 착용한다.
> 사. 배정 후에는 정당한 이유(부상, 질병 또는 비상 상황) 없이 대회의 지명을 번복하지 않는다.

참고자료1

심 판 평 가 표 (평가위원회)

대 회 명:　　　　　　　　　　　기 간 :
성　　명:　　　　　　　　　승급신청급수:　　　급 (현재급수　　급)

구　　　　　　분	배점	점　　수					비고
1. 경기규칙 숙지	15점						
○ 규칙을 정확히 이해하고 적용하였는가?		5	4	3	2	1	
○ 판정에 대해 정확하게 해석하고 선수에게 설명하였는가?		5	4	3	2	1	
○ 감독의 역할과 주장의 역할에 대해 이해하고 바르게 적용하였는가?		5	4	3	2	1	
2. 심판매뉴얼 숙지	10점						
○ 심판의 복장 / ○ 심판준비물		5	4	3	2	1	
○ 시그널은 숙지하고 있는가?		5	4	3	2	1	
3. 경기 시작 전 점검	10점						
○ 경기장 코트 점검 (네트높이 확인, 안테나 이격거리 등)		5	4	3	2	1	
○ 출전선수 복장확인(상하의 번호 일치, 머리띠, 타이즈, 두건, 모자 등)		5	4	3	2	1	
4. 경기의 진행	20점						
○ 선수가 편안하게 경기에 임할 수 있도록 환경을 조성하였는가?		5	4	3	2	1	
○ 선수교체와 합의판정 절차는 적절하였는가?		5	4	3	2	1	
○ 주의~몰수패 적용은 규칙대로 하였는가?		5	4	3	2	1	
○ 휘슬소리는 선수가 들을 수 있도록 진행하였는가?		5	4	3	2	1	
5. 경기 종료 후 점검	10점						
○ 경기기록지 작성		5	4	3	2	1	
○ 경기장 점검(점수판)		5	4	3	2	1	
6. 역할 수행 능력	20점						
○ 주심으로서 부심을 활용하며 코트 진행은 잘 하였는가? **(1급 해당)** ○ 네트부심의 역할 및 자세(위치선정, 시선교환 및 싸인 방법)		5	4	3	2	1	
○ 라인부심 시그널, 주심과의 시선교환, 위치선정은 적절한가?		5	4	3	2	1	
○ 부심(네트부심, 라인부심)을 교육시킬 수 있는 능력이 있는가? **(1급 해당)** ○ 주심을 보좌하는 부심의로써 역할을 잘 하고 있는가?		5	4	3	2	1	
○ 심판역할 수행 시 바른 자세로 임하는가? / ○ 선수에게 존대말을 사용하는가?		5	4	3	2	1	
7. 품성(승급에 임하는 자세)	10점						
○ 승급평가에 임하는 자세 / ○ 심판상호간 관계는 원활한가?		5	4	3	2	1	
○ 족구발전에 기여한 공이 있는가?		5	4	3	2	1	
8. 시·도협회 업무(지역의 심판활동)에 적극 협조하고 있는가?	5점	5	4	3	2	1	
합계							

** 주의:판별을 위해 1점 단위로 채점

평가자 의견 :

평가자	(서명)

참고자료1

심판 평가표(선수, 지도자 등)

대 회 명:　　　　　　　　　　　기　간:

항목점수
- 매우 그렇다 → ⑤
- 그렇다 → ④
- 보통이다 → ③
- 그렇지 않다 → ②
- 전혀 그렇지 않다 → ①

구분	세부항목						%
품위	○ 상호 존중하는 어투를 사용하였다.	④	③	②	①	⓪	20
	○ 경기 중 전문 용어를 적절히 사용하였다.	④	③	②	①	⓪	
	○ 경기 중 올바른 자세를 유지하였다.	④	③	②	①	⓪	
	○ 단정한 복장으로 경기에 임하였다.	④	③	②	①	⓪	
	○ 지도자 및 선수와 불필요한 접촉을 시도하지 않았다.	④	③	②	①	⓪	
경기 운영	○ 경기를 원활히 진행하였다.	⑧	⑥	④	②	⓪	40
	○ 모든 심판이 동일한 규정을 적용하였다.	⑧	⑥	④	②	⓪	
	○ 규칙 위반에 대한 조치는 적절하였다.	⑧	⑥	④	②	⓪	
	○ 어필에 대한 조치는 적절하였다.	⑧	⑥	④	②	⓪	
	○ 부상 처리에 대한 규정을 적절히 적용하였다.	⑧	⑥	④	②	⓪	
공정성	○ 경기를 원활히 진행하였다.	⑧	⑥	④	②	⓪	40
	○ 모든 팀에 대해 일관된 기준을 적용하였다.	⑧	⑥	④	②	⓪	
	○ 규칙 위반에 대한 조치는 모든 팀에 공정하게 적용되었다.	⑧	⑥	④	②	⓪	
	○ 어필에 대한 조치는 모든 팀에 공정하게 적용되었다.	⑧	⑥	④	②	⓪	
	○ 부상 처리에 대한 규정을 모든 팀에 공정하게 적용하였다.	⑧	⑥	④	②	⓪	
	합계						100

평가자의견 :